Joachim Pötsch
Unkraut oder Wildpflanze?

Dr. sc. Joachim Pötsch

Unkraut oder Wildpflanze?

Urania-Verlag Leipzig · Jena ·Berlin

Fotonachweis:
Th. Eggers Nr. 22, 24
K. Klopfer Nr. 3
H. Küster Nr. 1, 15, 18
Chr. Needon Nr. 6, 7, 14, 16
J. Pötsch Nr. 2, 4, 5, 8, 9, 10, 11, 12, 17, 19, 25
D. Rodi Nr. 20, 21, 23
P. Scharf Nr. 13, 27
G. Terpe Nr. 26

Pötsch, Joachim:
Unkraut oder Wildpflanze? / Joachim Pötsch.
[Zeichn.: Karl-Heinz Barnekow ...].
1. Aufl. – Leipzig ; Jena ; Berlin :
Urania-Verlag, 1991.
ISBN 3-332-00383-6

ISBN 3-332-00383-6

1. Auflage 1991
Alle Rechte vorbehalten
© Urania-Verlagsgesellschaft mbH, Leipzig
Urania-Verlag Leipzig · Jena · Berlin
Lektor: Christoph Needon
Einband: Helmut Selle
Zeichnungen: Karl-Heinz Barnekow, Jens Borleis, Irene Hein
Satz und Druck: Interdruck Leipzig GmbH
Printed in Germany

Inhalt

Unkraut oder Wildpflanze?

Unkräuter, das bringt schon der Name zum Ausdruck, waren nach bisheriger Auffassung in der Kulturlandschaft des Menschen unerwünscht. Sie störten auf den Feldern ebenso wie in Gärten und Anlagen, weil sie von jeher als Konkurrenten der Kulturpflanzen galten und darüber hinaus dem Bedürfnis vieler Menschen nach Sauberkeit und Ordnung entgegenstanden. Deshalb nahm auch niemand an dem Wort Unkraut Anstoß, weil damit alles ausgedrückt schien, was zu dem Sachverhalt zu sagen war.

Und dennoch muß es eine einseitige Betrachtung gewesen sein! Wie sonst wäre es erklärbar, daß wir heute die Problematik in einem neuen Licht sehen wollen und viele den Begriff Unkraut durch Wildpflanze, Wildkraut oder ähnliche Bezeichnungen ersetzen. Sicher verbindet sich mit dem Gebrauch des wertfreieren Wortes Wildpflanze die Absicht, auf ökologische Zusammenhänge in der Natur hinzuweisen und in unserer Kulturlandschaft gleichzeitig ein Stück Natur zu gestalten. In diesem Sinne lohnt es sich, über das von uns gewählte Thema nachzudenken und den Versuch zu unternehmen, kontroverse Standpunkte, die es zweifellos in dieser Angelegenheit gibt, zu diskutieren und möglicherweise überwinden zu helfen. Was bei erster Betrachtung sehr speziell erscheint, würde nunmehr zur Erörterung ökologischer und landeskultureller Sachverhalte führen, die heute viele Menschen interessieren und oft auch Gegenstand heißer Diskussionen sind.

Von der Wildpflanze zur Kulturpflanze und zum Unkraut

Anfangs waren alle gleich

Viele Begriffe sind uns so vertraut, daß wir nicht mehr über ihren Inhalt nachdenken. So ist es wohl auch mit den Wörtern Unkraut, Kulturpflanze, Kulturfrucht, Wildpflanze und ähnlichen Bezeichnungen, die alle kulturgeschichtlichen Ursprungs sind und damit irgendeine Beziehung zur Entwicklung der menschlichen Gesellschaft haben. Es verwundert deshalb nicht, daß der Begriff Kulturpflanze letztendlich das Wort Wildpflanze nachsichziehen mußte, wobei sogar der Weg über das »Unkraut« notwendig war. Wie gesagt, im Anfang waren verständlicher- und notwendigerweise alle gleich. Es gab ja gar keine Kulturpflanzen. Der Mensch brachte sie im eigentlichen Sinne erst hervor, indem er aus dem »Wildpflanzensortiment« ihm zusagende Individuen auslas und damit künstliche Selektion betrieb. Viel verdanken wir dabei den prähistorischen Frauen, die für diese Art des Nahrungserwerbs gewissermaßen zuständig waren, währenddessen dem Mann die Jagd auf wilde Tiere oblag.

Der Einfluß des Menschen auf die Wildpflanzen war im Anfang sicher ungezielt und zumeist unbewußt. Die steinzeitlichen Jäger und Sammlerinnen entnahmen Samen, Früchte, Blätter, Wurzeln oder Stengel, verzehrten sie sofort oder legten kleine Vorräte für ungünstige Zeiten an. Später kam es zur Herausbildung sogenannter Erntevölker, die größere Wildpflanzenbestände nutzten, sich aber noch nicht um den Anbau irgendwelcher Arten bemühten.

In Europa wurden u. a. die Früchte der heimischen Buche, Eiche, Eßkastanie, Hasel und Wassernuß geerntet. Aber auch Gräser, wie der bis in unser Jahrhundert hinein genutzte Flutende Schwaden *(Glyceria fluitans)*, standen auf dem Speisezettel.

Es ist anzunehmen, daß sich in der Umgebung der Siedlungen, besonders aber auf den dorfnahen Abfallplätzen eine üppige

Pflanzenwelt entwickelte. Manch eine auffällige Art wird Interesse gefunden haben und im weiteren Verlauf kultiviert worden sein. Weniger auffällige Begleiter wurden hingegen als störend empfunden und mußten weichen. Damit vollzog sich prinzipiell eine Differenzierung in gewünschte und unerwünschte Arten; der Weg zu den späteren Kulturpflanzen und Unkräutern war vorgezeichnet.

Dieser Prozeß der Domestikation brauchte verständlicherweise lange Zeit, lief aber über die bekannten Gesetzmäßigkeiten der Mutation, Selektion, Hybridisation und Isolation. Der primitive Mensch griff gewissermaßen intuitiv in das Entwicklungsgeschehen ein, indem er besonders auffällige, mutierte, d. h. in ihrem Erbgut veränderte Pflanzen aus den Beständen selektionierte. Durch spontane Kreuzungen zwischen Pflanzen benachbarter Standorte entstanden Hybriden mit neuen, wertvollen und möglicherweise verbesserten Eigenschaften, die wiederum ausgelesen und isoliert angebaut wurden. Bei der Auslese legte der Mensch besonderen Wert auf große Blätter, Wurzeln, Samen und Früchte und bevorzugte solche Individuen, die gleichzeitig keimten, reiften, eine größere Biomasse besaßen und dergleichen mehr. In der Tabelle 1 sind einige Merkmale von Wild- und Kultursippen un-

Tabelle 1:
Merkmale von Wild- und Kultursippen beim Getreide

Merkmal	Wildtyp	Kulturtyp
Keimung	ungleichmäßig	gleichmäßig
Jugendentwicklung	langsam	schnell
Wachstum	ungleichmäßig	gleichmäßig
Biomasse	wenig	viel
Ährenspindel	brüchig	fest
Kornsitz	locker	fest
Kornertrag	gering	hoch
Reife	ungleichmäßig	gleichmäßig

serer Getreidearten zusammengestellt. Sie gehören zu den ältesten Kulturpflanzen, deren systematischer Anbau vor etwa 12 000 Jahren begann.

Die meisten Kulturpflanzen stammen als sogenannte primäre Kulturpflanzen von Wildpflanzen ab und haben sich in der Hand des Menschen in der soeben beschriebenen Weise entwickelt. Zu ihnen gehören so bekannte Kulturarten wie Weizen, Gerste, Hirse, Reis, Erbse und Gartenbohne.

Als »sekundäre« Kulturpflanzen bezeichnet man dagegen sol-

che Arten, die zunächst als Unkräuter in den obigen Kulturpflanzenbeständen wuchsen und wegen ihrer nutzenswerten Eigenschaften später selbst kultiviert wurden. Bekannte Beispiele
hierfür sind Roggen, Hafer, Linsen, Tomaten, Buchweizen, Leindotter oder die Zottelwicke. In Zentral- und Vorderasien kommt
auch heute noch Unkrautroggen vor, so daß die vorderasiatischen
Namen »Unkraut im Weizen« bzw. »Unkraut in der Gerste«
(chou-dar, gaudam-dar) durchaus sinnvoll erscheinen und Be-
richte aus dem Altertum von der Umwandlung des Weizens oder
der Gerste in Roggen ihre natürliche Erklärung finden.

Somit sind bestimmte Unkräuter in überaus auffälliger Weise
gemeinsam mit den Kulturpflanzen domestiziert worden, eine
Entwicklung, die später noch einmal Gegenstand unserer Betrachtung sein soll.

Die große Anpassungsfähigkeit und sprichwörtliche Unver-
gänglichkeit der Unkräuter waren bei Mißernten von hohem Nutzen, ließ sich doch mit ihnen eine erträgliche Ersatzernte einbrin-
gen. Wanderten die damaligen Ackerbau treibenden Völker in
klimatisch andere Regionen, so blieben sie zurück und wurden
vielfach zu neuen Kulturpflanzen.

Neben der menschlichen Einflußnahme waren bei der Entste-
hung der Kulturpflanzen auch günstig wirkende ökologische Faktoren von Bedeutung. Sie kamen bevorzugt in solchen Gebieten
unserer Erde zur Ausprägung, die ein reiches Standortmosaik aufweisen und nach dem sowjetischen Forscher N. I. Wawilow als
Genzentren bezeichnet werden (Abb. 1). Bekannt sind der Mittelmeerraum und das vorderasiatische Gebiet, wo besonders formen-

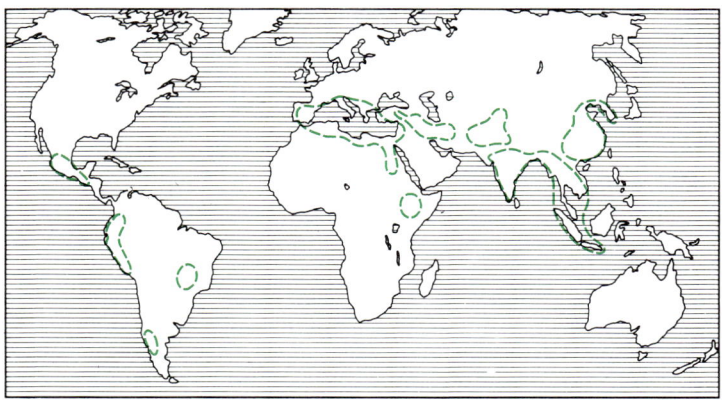

Abb. 1   Genzentren der Erde

reich verschiedene Weizenarten, Gerste, Hafer, Roggen, Erbse, Linse, Ackerbohne, Lein, Raps, Apfel, Birne, Aprikose, Zwiebel, Spargel, Salat und andere Kulturpflanzensippen vorkommen. Von den vier amerikanischen Genzentren sind in erster Linie das nördliche Südamerika und Mittelamerika zu nennen, wo vor allem Mais, Kartoffel, Paprika, Tomate und Tabak mit großer Formenmannigfaltigkeit vertreten sind. Viele unserer heimischen Kulturpflanzen stammen aus diesen Gebieten. Mit ihnen gelangte eine große Zahl von Unkräutern nach Mitteleuropa.

Viele kamen aus fernen Ländern

Weite Wege waren zurückzulegen und große Hindernisse zu überwinden. Meere, Gebirge, Wüsten und andere Barrieren stellten sich der natürlichen Verbreitung der Pflanzen entgegen. Doch der Mensch griff ein, nahm auf seinen Wanderungen, Kriegszügen und Handelsreisen Tiere, Pflanzen, Früchte und Samen mit und trug somit zur Verbreitung von Kultur- und Wildpflanzen bei.

Ausgangspunkt für viele jetzt in Mitteleuropa vorkommenden Unkräuter waren die vorder- und zentralasiatischen Gebiete sowie das Hochland von Äthiopien. Die dort lebenden Völker wanderten vermutlich schon sehr frühzeitig von den Bergen in die Ebene, wo sie besonders in den fruchtbaren Tälern der großen Flüsse Euphrat, Tigris und Nil günstige Bedingungen für Ackerbau und Viehzucht vorfanden. Die erste Zwischenstation für manche bewußt oder unbewußt mitgeführte Art war erreicht.

In den Hochkulturen Vorderasiens und Ägyptens erblühte eine reiche Landwirtschaft. Bewässerung, vielfältige Bodenbearbeitung mit Pflug, Egge und Walze, Haustierhaltung, Anbau von Getreide, Gemüse, Obst und Gewürzpflanzen ermöglichten ein gutes Gedeihen der Unkräuter. Das Formenspektrum war demzufolge groß und entsprechend der Vielzahl von Pflanzenkulturen sehr differenziert. In den neuen Lebensräumen trafen die »Einwanderer« auf »Alteingesessene«. Kreuzungen zwischen nahe verwandten Wild- und Kulturarten waren möglich. Es ergaben sich völlig neue Bedingungen für die Evolution; die Formenmannigfaltigkeit nahm weiter zu.

Manchmal kam es zu Rückkreuzungen mit einer der Elternformen, woraus sehr stabilisierte neue Typen entstanden. Introgression nennt man diesen Vorgang. Er hat bei vielen Kulturpflanzen, darunter bei Weizen und Hafer, eine bedeutende Rolle gespielt und die Sippenvielfalt beträchtlich erhöht.

Die Unkräuter waren als Wildpflanzen immer wieder am Evolu-

Abb. 2   Heimische, aus Europa stammende Unkräuter. a Efeuehrenpreis *(Veronica hederifolia)*, b Klettenlabkraut *(Galium aparine)*, c Weißer Gänsefuß *(Chenopodium album)*, d Ackerwachtelweizen *(Melampyrum arvense)*

tionsgeschehen unserer Kulturpflanzen beteiligt, indem ihre Gene in den Genpool der Kultursippen eingebaut wurden. Dabei ist gleichsam ihr Sippenspektrum erweitert worden, weil die neuen Kulturen andere Bewirtschaftungsformen erforderten. Ökologische Veränderungen waren die Folge. Sie aber sind die Triebfeder für die Evolution. Alle haben davon profitiert.

Nicht alle Unkräuter hatten so weite Wege. Ein nicht unbeträchtlicher, wenngleich auch geringerer Teil stammt aus Mitteleuropa selbst. Sie, die sogenannten Apophyten, haben einst offene, nährstoffreiche Standorte, wie sie auf Waldlichtungen, an Fluß- und Seeufern, auf Strandwällen oder in der Nähe von Tierbehausungen vorhanden waren, besiedelt. Äcker und Wiesen gab es im Waldland Mitteleuropa nicht; sie wurden erst nach Rodung und Kultivierung vom Menschen geschaffen.

Bekannte heimische Unkräuter (Abb. 2) sind der Efeuehrenpreis *(Veronica hederifolia)*, das Klettenlabkraut *(Galium aparine)* und der Weiße Gänsefuß *(Chenopodium album)*, die man ihrer einstigen Herkunft wegen auch häufig an jenen natürlichen Standorten antrifft.

Mancher Naturfreund ist davon überrascht, denn er vermutete diese Arten als Wildkräuter nur auf Äckern und in Gärten. Ähnlich ist das auch mit Gemeinem Bärenklau *(Heracleum sphondylium)*, Waldengelwurz *(Angelica sylvestris)* und anderen Wiesenpflanzen, die in heimischen Laubwäldern auf Lichtungen und an Wegrändern vorkommen und erst später auf dem vom Menschen geschaffenen Grünland eine so weite Verbreitung gefunden haben.

12

Abb. 3   Archaeophyten. a Klatschmohn *(Papaver rhoeas)*, b Kornrade *(Agrostemma githago)*, c Kornblume *(Centaurea cyanus)*, d Ackersenf *(Sinapis arvensis)*

Europäischen Ursprungs sind auch seltenere Unkräuter, wie der Ackerwachtelweizen *(Melampyrum arvense)* oder der Bauernsenf *(Teesdalia nudicaulis)*, die von einstigen Kalk- und Sandtrockenrasen schlecht wüchsiger Eichen- und Kiefernwälder stammen. Auch heute gehören diese Arten noch zum Bestandsbild solcher Biotope.

Und doch wäre die mitteleuropäische Unkrautflora arm und we-

Abb. 4   Neophyten. a Kleinblütiges Franzosenkraut *(Galinsoga parviflora)*, b Zottiges Franzosenkraut *(Galinsoga ciliata)*, c Persischer Ehrenpreis *(Veronica persica)*, d Zurückgebogener Amarant *(Amaranthus retroflexus)*

nig auffällig, gäbe es nicht die vielen Arten aus fernen Ländern. Ihre Namen sind uns vertraut, denken wir nur an Klatschmohn *(Papaver rhoeas)*, Kornrade *(Agrostemma githago)*, Kornblume *(Centaurea cyanus)*, Ackersenf *(Sinapis arvensis)* oder andere schön blühende Vertreter (Abb. 3). Sie stammen aus dem Mittelmeerraum bzw. aus Vorderasien und sind schon in vor- und frühgeschichtlicher Zeit nach Mitteleuropa gekommen. Man nennt sie deshalb auch Alteinwanderer oder Archaeophyten im Unterschied zu den Neubürgern oder Neophyten (Abb. 4), die erst in geschichtlicher Zeit, bei amerikanischen Arten nach der Entdeckung Amerikas, nach Europa gelangten.

Gut bekannt ist die Einwanderungsgeschichte der beiden aus den Anden stammenden Knopf- oder Franzosenkrautarten *(Galinsoga parviflora, G. ciliata)*. Sie haben sich im 19. und 20. Jahrhundert in Europa mit erstaunlicher Geschwindigkeit ausgebreitet und gehören heute zu den häufigen Arten der Gärten und Hackfruchtäkker.

Das Kleinblütige Franzosenkraut *(Galinsoga parviflora)* als das wohl bekannteste von beiden wurde erstmalig 1714 von dem französischen Franziskanerpater Louis Feuillee, der zuvor einen großen Teil Südamerikas bereist hatte, beschrieben und abgebildet. In Europa ist es 1785 aus den botanischen Gärten von Paris und Madrid bekannt geworden. Danach gelangte die Art 1797 mit Saatgut nach Bremen und wahrscheinlich um 1800 in den Botanischen Garten Berlin. Schon 1805 verwilderte das Franzosenkraut und breitete sich zunächst auf Schuttplätzen, dann aber auch auf Kulturflächen aus. Weitere Stationen der raschen Verbreitung waren 1816 Nielebock bei Genthin, 1830 Rostock und Königsberg, 1850 Wien und 1859 Krakau, um nur einige der vielen Fundorte zu nennen (Abb. 5).

Der Name Franzosenkraut geht auf die Vermutung zurück, daß das Unkraut mit Futtervorräten für die Pferde der französischen Truppen eingeschleppt worden sei. Diese Annahme ist aber sehr zweifelhaft, da aus jener Zeit noch keine Wildvorkommen in Frankreich bekannt waren. Wie dem auch sei, das Unkraut hat sich in Windeseile in ganz Europa verbreitet, besonders entlang den Flußläufen und Kanälen. Seine Früchte (Achänen) sind gut schwimmfähig und gehen erst nach mehreren Tagen unter. Hinzu kommt, daß sie in riesigen Mengen gebildet werden und sehr leicht sind, wodurch die Windverbreitung begünstigt wird.

Der durch das Franzosenkraut verursachte Schaden war von jeher sehr groß. Noch vor der Jahrhundertwende wurden in Hannover und Braunschweig Polizeiverordnungen gegen das überaus lästige Unkraut erlassen. Drastische Maßnahmen, wie das Verbrennen der Pflanzen vor der Samenreife, Vergraben, Jäten oder

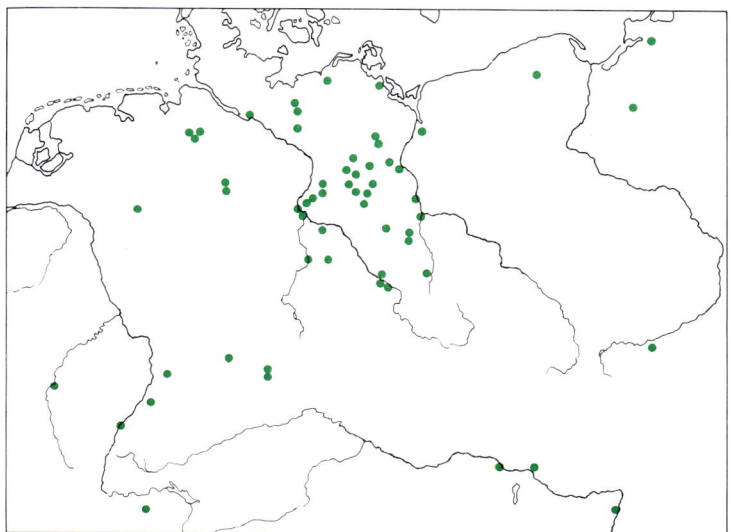

Abb. 5 Ausbreitung des Kleinblütigen Franzosenkrautes *(Galinsoga parviflora)* in Europa bis zur Mitte des vorigen Jahrhunderts (verändert nach Klopfer und Schönfeld)

Verfüttern, konnten die weitere Ausbreitung nicht verhindern. Beide Franzosenkräuter haben heute einen festen Stammplatz in unserer Wildflora und gehören sozusagen zum Inventar unserer Äcker und Gärten.

Amerikanischer Herkunft ist auch der Amarant. Die bei uns häufigste Art *Amaranthus retroflexus* hat als Wärmekeimer erst in letzter Zeit durch Ausdehnung des Maisanbaus und anderer wärmeliebender Kulturen eine weite Verbreitung erfahren. Überaus große Samenproduktion, lange Lebensdauer der Samen und hohe Keimungsraten führen dazu, daß sich das Samenpotential im Boden ständig vergrößert und eine massenhafte Ausbreitung der Art zustande kommt.

Natürlich gelingt nicht jeder fremden Art ein solcher Siegeszug. Viele sind nur vorübergehend an Häfen oder Bahnanlagen zu finden. Sie werden als Ankömmlinge oder Passanten bezeichnet und verschwinden mancherorts wieder schnell aus der heimischen Flora.

Wechselvolle Entwicklung

Wie durch archäologische und pollenanalytische Funde belegt werden kann, ist der Ackerbau in Mitteleuropa mehr als 5000 Jahre alt. Er hielt vor allem über Griechenland und den Balkan im Zuge der sogenannten vorderasiatischen Kulturdrift Einzug und drang wohl auch über die Küstengebiete Südwesteuropas nach Norden vor. Aus klimatischen Gründen konnte er allerdings erst zu einer Zeit beginnen, als in der nacheiszeitlichen Periode der Wald längst wieder eingewandert war. Deshalb mußten die meisten Äcker auf ehemaligen Waldstandorten angelegt werden. Das geschah in der Stein- und Bronzezeit aber kaum als planmäßige Rodung dichter Wälder, wie wir sie seit dem Mittelalter von vielen Siedlungsgebieten her kennen und wie sie durch manche Ortsnamen belegt ist. Vielmehr wird man bereits gelichtete, verbuschte Plätze bevorzugt haben, die zerstreut in der Feldmark lagen. Eine sehr bedeutsame Rolle spielte dabei die Brandrodung, die dem heutigen »shifting cultivation« oder Wanderackerbau in den Tropen ähnelt. Die frühe Verbreitung des Ackerbaus läßt sich übrigens gut anhand bandkeramischer Siedlungen studieren, die in damaliger Zeit überall in den mitteleuropäischen Lößgebieten entstanden.

Die acker- und pflanzenbaulichen Methoden haben sich seit dem Neolithikum mehrmals grundlegend geändert (Tab. 2). In der ersten jungsteinzeitlichen bis bronzezeitlichen Phase wurde vermutlich eine primitive Feldgraswirtschaft betrieben. Die nach der Rodung des Waldes geschaffenen Flächen sind meist nur wenige Jahre bestellt worden, um danach als Brachweide genutzt zu wer-

Tabelle 2:
Entwicklungsphasen des Ackerbaus und der Ackerunkrautvegetation in Mitteleuropa (verändert nach Hüppe)

Entwicklungsphase	Bewirtschaftung	Unkrautvegetation
1. Prähistorische Feldgras-wirtschaft	lange Brache	geschlossen, grünland-ähnlich; reich an mehr-jährigen Arten
2. Ewiger Roggenanbau/ Mittelalterliche Dreifel-derwirtschaft (extensiv)	Plaggendüngung/ kurze Brache	offene Bestände, ein- und mehrjährige Arten
3. Intensivwirtschaft Ge-treide und Hackfrüchte	Mineraldüngung, Fortfall der Brache	reich an einjährigen Arten
4. Technische Großflä-chenbewirtschaftung	chemische Un-krautbekämpfung, Intensivdüngung	Artenverarmung, Verän-derung des Artenspek-trums

den. Auf diese Weise konnte sich der Boden regenerieren, und es war über einen längeren Zeitraum Weide für das Vieh vorhanden. Die Unkrautgemeinschaften dieser prähistorischen Feldfluren müssen bei einer derartig extensiven Bewirtschaftung reich an mehrjährigen Arten gewesen sein. Tritt- und verbißfeste Weidepflanzen, wie Gemeine Quecke *(Elytrigia repens)*, Weißklee *(Trifolium repens)*, Kriechender Hahnenfuß *(Ranunculus repens)* oder Knöterich-Arten, herrschten vor und verliehen den Beständen ein mehr oder weniger grünlandähnliches Aussehen. So ähnelten die prä- und frühhistorischen Äcker wohl in starkem Maße den kontinentalen Grassteppen Südosteuropas und Vorderasiens, die als Heimatgebiet vieler Unkräuter gelten.

Auch die frühe germanische Landwirtschaft ist noch eine einfache Form der Feld-Gras-Wirtschaft gewesen, die aus der Sicht des Römers Tacitus als unterentwickelt gelten mußte, wenn er in seiner »Germania« schrieb: »Die Felder für den Anbau von Getreide wechseln sie jährlich, und Ackerland bleibt noch übrig. Denn sie tragen zur Fruchtbarkeit und Größe des Bodens nicht ihr entsprechendes Teil bei durch intensive Bearbeitung der Art, daß sie Obstpflanzungen anlegen, Wiesen absondern und Gärten bewässern; vielmehr nur Getreide verlangen sie von der Erde.« Es fehlten also alle intensiveren Formen der Landbewirtschaftung und Bodenbearbeitung. Nach neueren Auffassungen setzte sich auch die römische Landwirtschaftstechnik mit bodenwendendem Pflug nur langsam durch. Hingegen zeigen archäologische Funde, daß zwischen Rhein und Elbe während des gesamten 1. Jahrtausends der Hakenpflug dominierte, womit bekanntlich nur ein flaches, lückenhaftes Aufbrechen des Bodens möglich war, was wiederum die Verbreitung mehrjähriger Unkräuter förderte.

Dennoch kam es im Verlauf dieser Zeit zu Veränderungen im Kulturpflanzenanbau (Abb. 6). Während nämlich in der primitiven Urform des Ackerbaus die Brache immer länger als die Bewirtschaftungszeit war, gewannen nunmehr zwei neue Wirtschaftsformen mit kürzerer Brache an Bedeutung.

In den nördlichen Pleistozänlandschaften entwickelte sich nach Einführung der Plaggendüngung der sogenannte ewige Roggenanbau, der durch fehlende oder nur kurze Brache gekennzeichnet war. Die Plaggen, auch Placken oder Heidesoden genannt, entnahmen die Bauern den Wäldern und Heiden. Dabei wurden die Zwergsträucher mit Hacke und Harke samt Streu- und Humusdecke vom Unterboden gelöst. Das Material stapelte man auf dem Hof und verwendete es zunächst im Winter als Stallstreu; im Frühjahr wurde es als Dünger auf die Felder gebracht. Dabei wurden dem Wald aber viel Nährstoffe entzogen, wodurch sich dessen Wuchsleistungen erheblich verringerten.

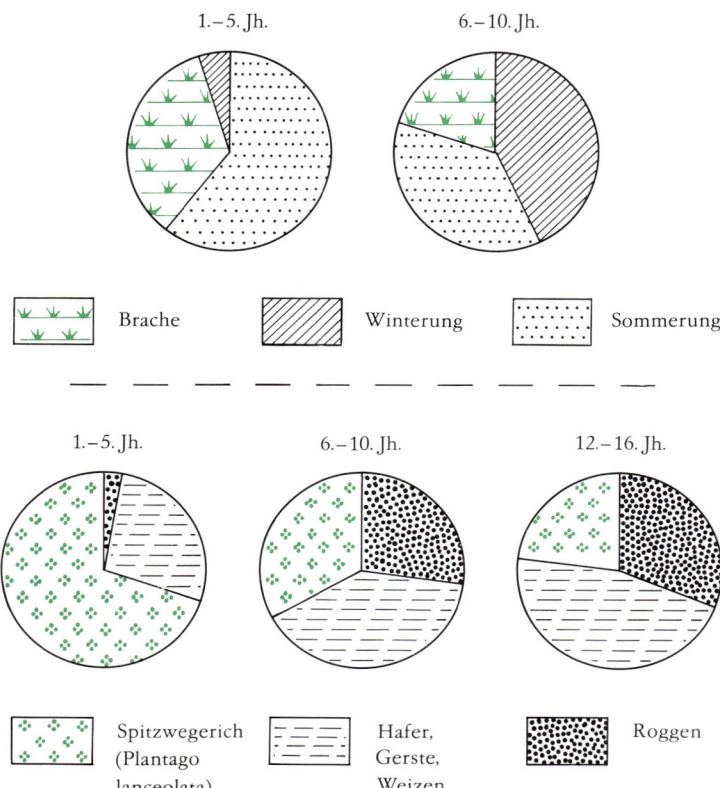

1.–5. Jh.   6.–10. Jh.

Brache   Winterung   Sommerung

1.–5. Jh.   6.–10. Jh.   12.–16. Jh.

Spitzwegerich
(Plantago
lanceolata)

Hafer,
Gerste,
Weizen

Roggen

Abb. 6   Veränderungen im Kulturpflanzenanbau und Anteil mehrjähriger
Wildpflanzen (Spitzwegerich) in Europa (verändert nach Lange)

In den meisten anderen Gebieten kam es zur Einführung der
Dreifelderwirtschaft. Sie wurde um 775 erstmals urkundlich erwähnt und sollte den Ackerbau bis in die Neuzeit hinein prägen.
Bei dieser bekannten Wirtschaftsform wechselten Wintergetreide,
Sommergetreide und Brachland im dreijährigen Rhythmus. Ein
sogenannter Flurzwang sichert rechtlich, daß alle Äcker eines Ge-
markungsteils, der Zelge, einheitlich bewirtschaftet wurden, um
möglichst große Flächen in die allgemeine Weideflur, die All-
mende, einzubeziehen.

Die damaligen Gemarkungen hatten ein für uns fremdes Aussehen. Um das weidende Vieh vom Getreide fernzuhalten, mußte
die Umzäunung der betreffenden Zelge geschlossen werden. Der

»Zaun« bestand aus Dornhölzern, Mauern, Erdwällen oder Hekken, die man durch Knicken junger Laubholzzweige undurchdringlich machte. Diese »Knicks« wurden auch auf Wälle und Rasensoden gepflanzt und wie Niederwälder bewirtschaftet.

Die Unkrautgemeinschaften waren nach wie vor reich an mehrjährigen Arten, denn sie wurden zunächst nur durch grobes Pflügen mit dem hölzernen Hakenpflug, nicht aber durch Hacken gestört. Erst mit der Einführung des eisernen Wendepflugs konnte der Boden tiefgründiger bearbeitet werden. Bei gleichzeitiger Verkürzung der Brache und späterem Anbau von Hackfrüchten vermochten einjährige Unkräuter, wie Klatschmohn *(Papaver rhoeas)*, Ackersenf *(Sinapis arvensis)* oder Weißer Gänsefuß *(Chenopodium album)*, immer besser zu gedeihen.

Genauere Kenntnisse über die Unkrautverbreitung in damaliger Zeit lassen sich aus paläoethnobotanischen Arbeiten ableiten. Sie basieren auf Ausgrabungen früherer Siedlungen und der genauen Analyse von Unkrautsamen in Getreidefunden. Diese Untersuchungen haben unser heutiges Wissen über den Ackerbau im 1. Jahrtausend überhaupt erst ermöglicht, da schriftliche Überlieferungen in der Regel nur wenige und zumeist indirekte Angaben zur Agrarwirtschaft enthielten.

Die mittelalterliche Dreifelderwirtschaft hat sich über einen langen Zeitraum als geeignete Wirtschaftsform erwiesen, weil sie die extensive Allmendeweide und den Ackerbau vorteilhaft miteinander verband. Bei der engen Verknüpfung von Ackerbau und Viehzucht ergab sich während der Brache nicht nur ein »Ausruhen« des Bodens, sondern es fand auch eine Düngung durch das weidende Vieh statt, das auf diesen Flächen besonders eiweißreiches Futter vorfand.

Wenngleich auch Reste der Dreifelderwirtschaft in einigen Gebieten Mitteleuropas bis zum Zweiten Weltkrieg erhalten blieben, setzten sich doch zu Beginn des vorigen Jahrhunderts neue Formen der Landbewirtschaftung durch. Das machte sich letztendlich notwendig, weil die Rodung der Wälder bereits am Ende des 13. Jahrhunderts abgeschlossen war und kein Land neu hinzukam. Steigerungen der landwirtschaftlichen Produktion waren nunmehr allein durch Intensivierung pflanzenbaulicher und agrochemischer Maßnahmen möglich. Neue Kulturpflanzen, wie Kartoffel, Futter- und Zuckerrübe, verschiedene Kohlarten, Ölfrüchte, Tabak und Färbepflanzen, bestimmten immer häufiger neben den traditionellen Winter- und Sommergetreidearten das Bild der Agrarlandschaft. Für ihren erfolgreichen Anbau waren allerdings eine verbesserte Bodenbearbeitung und Bestandespflege nötig, die auf die Unkrautvegetation nicht ohne Einfluß blieb. So wurden durch besseres Pflügen, Eggen und Hacken die mehrjährigen

Unkräuter, darunter auch die Zwiebelgeophyten, in ihrem Gedeihen stark eingeschränkt. Demgegenüber erfuhren einjährige, düngerliebende und schattentolerante Arten eine starke Förderung.

Mit den neuen Erkenntnissen Justus von Liebigs in der Pflanzenernährung und der durch ihn begründeten mineralischen Düngung hatte in der ersten Hälfte des vorigen Jahrhunderts zugleich eine völlig neue Phase der Intensivierung des Ackerbaus begonnen, sie führte schließlich zur Herausbildung jener Ackerunkrautflora, die bis in die Neuzeit hinein das Bild unserer Feldflur prägte.

Augenblicklich befindet sich der Acker- und Pflanzenbau in einer vorläufig letzten Phase seiner Entwicklung. Sie begann in den fünfziger Jahren mit der Anwendung von Wuchsstoffherbiziden und der damit verbundenen weltweiten Einführung der chemischen Unkrautbekämpfung. Bei gleichzeitigem Anbau neuer Kulturpflanzensorten und intensiver Großflächenbewirtschaftung ergaben sich in der Folgezeit völlig neue ökologische Bedingungen für die Ackerunkrautvegetation. Alle Intensivierungsmaßnahmen führten sehr bald zu einer starken Dezimierung und Veränderung der Ackerunkrautflora. Ähnliche Prozesse vollzogen sich auch in der Grünlandwirtschaft und im Intensivobstbau, so daß insgesamt ein starker Rückgang an Wildpflanzen zu beklagen ist.

Die Ackerunkrautflora spiegelt in ihrer Zusammensetzung von jeher in besonderem Maße die unterschiedliche Einflußnahme des Menschen auf den Standort wider. Gegenwärtig wird geprüft, inwieweit der Strukturwandel in der Unkrautvegetation beständig ist und mit welchen Maßnahmen negative Umschichtungen des Unkrautbestandes in einem bestimmten Umfang rückgängig gemacht werden können. Es hat sich nämlich gezeigt, daß einseitige Maßnahmen des Pflanzenschutzes zu einer explosionsartigen Vermehrung bestimmter, schwer bekämpfbarer Unkräuter geführt haben. Sie wurden durch die Intensivierung der Produktion gefördert und vermochten andere konkurrenzschwache Arten zurückzudrängen. Damit sind sowohl im ökonomisch-landwirtschaftlichen Bereich als auch auf ökologischem Gebiet Probleme entstanden, die der schnellen Lösung bedürfen.

Unkräuter heilen, würzen, verzaubern und sind schön

Im alten Bauerngarten

Wechselvoll war die Entwicklung der Gartenkultur und damit die Geschichte der Aufnahme von Wildpflanzen aus vielen Gebieten der Erde in unsere Gärten.

Eine große Rolle spielte neben den Kloster- und Burggärten der alte Bauerngarten. Auch heute noch können wir uns bei Fahrten übers Land in entlegene Dörfer hin und wieder an diesen Gärten erfreuen. Kleine Vorgärten, bunt und vielgestaltig, mit ganz anderen Blumen als in der Stadt, oft sogar mit Nutzpflanzen, wie Dill, Gurken oder Salat, vermischt, erregen Aufmerksamkeit. Alles macht einen beschaulichen Eindruck, die kleine Bank vor dem Haus, die Gartenlaube, die Blumenkübel zu beiden Seiten der Tür.

Der Bauerngarten, über den wieder so viel geschrieben wird, existiert schon lange Zeit und enthält seit jeher eine große Zahl von Wildpflanzen sowie alten Kulturpflanzensorten. Bereits in der Landgüterverordnung Karls des Großen, im sogenannten Capitulare de villis, werden Pflanzen aufgezählt, die heute noch in Gärten vorkommen. Bauerngärten sind sicher so alt wie die bäuerliche Wirtschaft. Ihre Geschichte ist aber voller Lücken, weil die Menschen zuerst stets vom Außergewöhnlichen angesprochen werden und Geschichtsschreibung und Malerei sich auf die Gärten des Adels und der reichen Bürger konzentrieren. Dennoch sind die alten Gewohnheiten und Erfahrungen durch mündliche Überlieferung von Generation zu Generation weitergegeben worden. Vieles ist zwar verlorengegangen, aber manches wird nach eifrigem Forschen und Suchen wieder neu entdeckt. Und die Zeit ist günstig, man besinnt sich gern auf das Natürliche, Bäuerliche, besonders in der Stadt, wo alles anders ist.

Bauerngärten waren unterschiedlich gestaltet. Im Vergleich zu den herrschaftlich anmutenden Anlagen vieler Großbauern hatten die Gärten der sogenannten armen Leute ein sehr einfaches Aussehen. Gemüse, Obst, Heil-, Gewürz- und Zierpflanzen wuchsen im bunten Nebeneinander. Wie die Häuser waren sie zumeist nicht sehr groß, lagen direkt am Hof oder in schnell erreichbarer Nähe. Die Bäuerin, die alles Notwendige für den Alltag aus ihrem Garten beziehen mußte, hatte wenig Zeit. Deshalb konnte sie auch nicht großartig gestalten, blieb vieles einfach und scheinbar ungeordnet. Es gab keine Aufteilung in Zier- und Nutzgarten, kein Verstecken der Nutzpflanzen im stillen Winkel. Auch heute gedeihen in Schrebergärten auf kleiner Fläche Nutz- und Zierpflanzen nebeneinander. Nur die alten Bauernblumen und die ehemals in der Volksmedizin verwendeten Heilkräuter sind selten geworden.

Der Bauerngarten war also äußerst einfach und naturnah. In manchen Gegenden wie in der damaligen Mark Brandenburg verstand man darunter nur den eigentlichen Hausgarten, in dem vorzugsweise Zierpflanzen angebaut wurden. Der Feld- oder Kohlgarten lag außerhalb des Dorfes.

Wenn es auch eine Definition des Bauerngartens vermutlich gar nicht gibt, so weiß man doch viel über seine Funktion. Er diente der Ernährung und Gesundheit der bäuerlichen Familie und teilweise auch des Viehs sowie der Zierde des Gehöfts und zum Pflücken des sonntäglichen Blumenstraußes. Mit den blumenreichen Hausrabatten, Blumenkübeln oder Bäumen vor dem Haus war und ist er gebietsweise auch heute noch ein Stück ländlicher, bäuerlicher Umweltgestaltung.

Viele Menschen sehnen sich in unserer modernen, von Technik beherrschten Zeit nach einem Stück unverfälschter Natur. Gärten mit blumengeschmückten Autoreifen und starren Beeteinfassungen aus Wellasbest- und Plastteilen stehen diesem Verlangen wohl entgegen. Auch die kurz geschnittenen grünen Rasen mit einzelnen Ziergräsern, Koniferen und Rhododendren sind letztlich unbefriedigend. Sie sehen zwar »gepflegt« aus, enthalten aber zu wenig Arten und sind deshalb ökologisch unzureichend. Kehren wir also ein Stück zurück zur Natur, zum artenreichen, bunt blühenden Bauerngarten. Welche Pflanzen gab es in ihm, wo sind sie möglicherweise noch heute zu finden?

Im bereits genannten »Capitulare de villis«, in der alten Landgüterverordnung, von der hier ein Auszug wiedergegeben wird, sind viele bekannte Arten enthalten. Die Weiße Lilie oder Madonnenlilie *(Lilium candidum)*, die wohl als eine der ältesten Gartenblumen der Welt gilt und in der mittelalterlichen Marienverehrung eine bedeutende Rolle spielte, ist ebenso verzeichnet wie Salbei, Sellerie, Pastinak oder Rosmarin. Zier- und Gemüsepflanzen, Heil- und Würzkräuter wurden in gleicher Weise aufgelistet. Sie

22

sollten in den Gärten der kaiserlichen Landgüter neben Obstbäumen angepflanzt werden. Man muß bedenken, daß ein großer Fürstenhof mit einem nicht minder großen Gefolge zu ernähren und medizinisch zu betreuen war.

Aus der Pflanzenliste des »Capitulare de villis«, der Landgüterverordnung aus der Zeit Karls des Großen

abrotanum	Eberraute	Artemisia abrotanum
anetum	Dill	Anethum graveolens
apium	Sellerie	Apium graveolens
ascalonicas	Schalotten	Allium ascalonicum
blidas	Amarant	Amaranthus blitum
cepas	Zwiebeln	Allium cepa
coriandrum	Koriander	Coriandrum sativum
fenicolum	Fenchel	Foeniculum vulgare
lilium	Weiße Lilie	Lilium candidum
pastinacas	Pastinak	Pastinaca sativa
porros	Porree	Allium porrum
rosmarinum	Rosmarin	Rosmarinus officinalis
salviam	Salbei	Salvia officinalis
satureiam	Bohnenkraut	Satureja hortensis
sclareiam	Muskatellersalbei	Salvia sclarea
sinape	Senf	Sinapis alba

Von den Gärten der Adligen gelangten viele Arten in Klostergärten. Klöster waren im Mittelalter wichtige Zentren der Kultur und damit auch des Gartenbaus und der Medizin. Viele fremdländische Gewächse sind zunächst dort kultiviert worden, ehe sie ihren Weg in die Gärten der Gutsbesitzer, Pastoren und Bauern fanden. Im Plan des Klosters St. Gallen sind u. a. ein Heilkräutergarten und ein Gemüsegarten verzeichnet, die in direkter Nachbarschaft des Arzt- bzw. Gärtnerhauses liegen.

Mit dem aufblühenden Handel kamen viele Pflanzen aus fremden, südlichen Ländern nach Mitteleuropa und bereicherten zunächst die Gärten der wohlhabenden Leute. Viele von ihnen, so die Fugger in Augsburg, entwickelten ein wahres Sammelfieber. Für Tulpenzwiebeln, die inzwischen in Holland gezüchtet wurden, sind große Summen gezahlt worden. Später, als das Interesse an den fremdländischen Gewächsen nachließ, eroberten diese Pflanzen die Gärten der Bauern und armen Bürger. Dort sind sie sicherlich durch Tausch weiterverbreitet worden, wie es auch gegenwärtig noch üblich ist.

Viele Gartenpflanzen entstammen als europäisch beheimatete Wildpflanzen (Abb. 7) der näheren Umgebung. Maiglöckchen

Abb. 7 Europäische Bauerngartenpflanzen. a Dachhauswurz *(Sempervivum tectorum)*, b Christrose *(Helleborus niger)*, c Aurikel *(Primula auricula)*, d Maiglöckchen *(Convallaria majalis)*, e Blauer Eisenhut (*Aconitum napellus*), f Großblütige Königskerze *(Verbascum densiflorum)*

(Convallaria majalis), Leberblümchen *(Hepatica nobilis)* und Großblütige Königskerze *(Verbascum densiflorum)* sind hier zu nennen, aber besonders auch eine ganze Reihe von Gebirgspflanzen, darunter Fingerhutarten *(Digitalis purpurea, D. grandiflora)*, Blauer Eisenhut *(Aconitum napellus)*, Gemeine Akelei *(Aquilegia vulgaris)*, Christrose *(Helleborus niger)*, Schneeglöckchen *(Galanthus nivalis)*, Aurikel *(Primula auricula)* und Dachhauswurz *(Sempervivum tectorum)*. Letztere wurde auch »Donnerwurz« oder »Donnerkraut« genannt und sollte, indem sie auf Strohdächern, Mauern oder Torbögen ausgebracht wurde, wo sie noch auf wenig Feinerde und Humus gedeihen kann, vor Blitzschlag schützen. Auch gefülltblütige Mutanten wurden aus der Natur entnommen. Zu erwähnen wäre hier das Silberknöpfchen, eine gefüllte Form der Sumpfschafgarbe *(Achillea ptarmica)* oder das Goldknöpfchen, ein gefüllter Kriechender Hahnenfuß *(Ranunculus repens)*. Des Zierwertes wegen hat man auch sogenannte panaschierte, weißrandige Mutanten aus der Natur in den Garten eingeführt. Als ein weithin bekanntes Beispiel hierfür ist die buntblättrige Form des Rohrglanzgrases (*Phalaris arundinacea* var. *picta*) anzusehen, die schon 1588 im Kräuterbuch von Tabernaemontanus belegt wird.

Die Einbürgerung von Wildpflanzen in unsere Gärten erfolgte über lange Zeiträume bis in unsere Zeit hinein. Heute ist aus Naturschutzgründen jedoch solch eine unkontrollierte Entnahme aus der Natur abzulehnen, zumal sie sich ohnehin bei geschützten Arten verbietet.

Abb. 8   Fremdländische und seltenere Bauerngartenpflanzen. a Weiße Lilie *(Lilium candidum)*, b Gemswurz *(Doronicum orientale)*, c Kapuzinerkresse *(Tropaeolum majus)*, d Montbretie *(Montbretia)*, e Tränendes Herz *(Dicentra spectabilis)*, f Rundblättriges Hasenohr *(Bupleurum rotundifolium)*

Der größere Teil der Gartenpflanzen gelangte aus fremden Ländern zu uns. Viele Arten, wie Weiße Lilie oder Madonnenlilie *(Lilium candidum)*, Ringelblume *(Calendula officinalis)*, Jungfer im Grünen *(Nigella damascena)*, Bartnelke *(Dianthus barbatus)*, Pfingstrose *(Paeonia officinalis)* sowie viele Gemüse-, Würz- und Heilpflanzen wie Blumenkohl (*Brassica oleracea* var. *botrytis*), Kohlrabi (*Brassica oleracea* var. *gongylodes*), Bohnenkraut *(Satureja hortensis)*, Boretsch *(Borago officinalis)*, Fenchel *(Foeniculum vulgare)* oder Koriander *(Coriandrum sativum)*, kommen aus Mittelmeerländern und angrenzenden Gebieten Südosteuropas (Abb. 8). Bei ihrer Einbürgerung spielten Kloster-, Burg- und Schloßgärten eine bedeutende Rolle, benötigte man doch für den Anbau dieser wärmeliebenden südländischen Gewächse viel Wissen und Erfahrung.

Auch aus dem Kaukasus sowie aus Vorder- und Mittelasien stammen viele Arten, darunter Gänsekresse *(Arabis caucasica)*, Gemswurz *(Doronicum orientale)*, Orientalischer Mohn *(Papaver orientale)*, Küchenzwiebel *(Allium cepa)*, Spinat *(Spinacia oleracea)*, Porree *(Allium porrum)*, Möhre *(Daucus carota)*, Knoblauch *(Allium sativum)*, die verschiedensten Tulpen, Hyazinthe *(Hyacinthus orientalis)* und die allbekannte Kaiserkrone *(Fritillaria imperialis)*. Besonders die letztgenannten wertvollen Zwiebelgewächse fanden erst in botanischen Gärten oder in den Gartenanlagen der Patrizier Aufnahme, ehe sie in die Bauerngärten gelangten.

Nach der Entdeckung Amerikas und anderer entfernter Regionen ist die mitteleuropäische Gartenflora noch einmal außeror-

25

dentlich bereichert worden. So wurden aus Amerika Sonnenblume *(Helianthus annuus)*, Kanadische Goldrute *(Solidago canadensis)*, Schlitzblättriger Sonnenhut *(Rudbeckia laciniata)*, Petunien *(Petunia*-Arten), Fuchsien *(Fuchsia*-Arten), Nachtkerzen *(Oenothera*-Arten), Kapuzinerkresse *(Tropaeolum majus)*, Kosmee *(Cosmos bipinnatus)*, Phlox *(Phlox paniculata)*, Dahlie *(Dahlia variabilis)*, Kartoffel *(Solanum tuberosum)*, Tomate *(Lycopersicon esculentum)*, Paprika *(Capsicum annuum)* und vieles mehr eingeführt. Aus Südafrika gelangten so bekannte Gartenpflanzen wie Gladiolen (*Gladiolus*-Arten) und Montbretien (*Montbretia*-Arten) oder die als Fenster- und Balkonblume überaus beliebten Pelargonien *(Pelargonium zonale)* zu uns.

Erst relativ spät erschloß sich die ostasiatische Flora mit ihrer bunten Blumenfülle für unsere Gärten und lieferte u. a. die Teerose, die 1752 nach Uppsala in Schweden und wenig später nach England kam. Auf ihrer Grundlage wurden im 19.Jahrhundert die ersten Teehybriden gezüchtet, eine Bezeichnung, die allerdings erst seit 1893 Verwendung fand. Auch das allerorts anzutreffende Tränende Herz *(Dicentra spectabilis)* sowie die Hortensie *(Hydrangea macrophylla)* und Taglilien (*Hemerocallis*-Arten) sind ostasiatischen Ursprungs.

Bauerngärten enthalten in der Regel eine große Zahl an verschiedenen Pflanzenarten, wenngleich auch viele moderne Gärten besonders in Städten oft noch mehr Arten aufweisen, wenn sie mit Ziersträuchern, Zierstauden und Zwiebelgewächsen bepflanzt sind oder ein artenreicher Steingarten angelegt ist. Immerhin wurden Bauerngärten mit mehr als 150 Arten beschrieben, was, vom ökologischen Standpunkt her gesehen, als außerordentlich bedeutsam gelten muß.

Zu den selteneren Bauerngartenpflanzen gehört eine ganze Reihe von Wildkräutern, die auch gegenwärtig noch in unserer natürlichen Umgebung zu finden ist. Erwähnt seien das Rundblättrige Hasenohr *(Bupleurum rotundifolium)*, das auf steinigen, extensiv genutzten Kalkäckern vorkommt, oder der Gemeine Beinwell *(Symphytum officinale)*, der nasse Wiesen und nährstoffreiche Ufer von Flüssen und Seen besiedelt. Beinwell war im Mittelalter eine bedeutende Heilpflanze, dessen Wurzel bei Quetschungen, Knochenbrüchen, Blutergüssen, Knochenhauterkrankungen, Sehnenscheidenentzündungen und dergleichen Verwendung fand. Hauptwirkstoff ist neben Asparagin und Cholin das Allantoin. Die Pflanze war in bestimmten Gegenden, so im Gebiet der mittleren Elbe, wo sie als Wildpflanze gesammelt wurde, ein geschätztes Schweinefutter.

Bauerngartenpflanzen fanden in vielerlei Hinsicht Verwendung (Tab. 3), sei es, daß sie als Gemüse, Obst und Gewürz oder als

26

Tabelle 3:
Ausgewählte, seltenere Bauerngartenpflanzen und ihre Verwendung (+ = vorrangiger Gebrauch)

Deutscher Name	Wissenschaftlicher Name	Verwendung als					
		Gemüse	Obst	Gewürz-pflanze	Heil-pflanze	Duft-pflanze	Zier-pflanze
Echter Alant	*Inula helenium*			•	+		•
Balsamkraut	*Chrysanthemum balsamita*				•	+	
Basilikum	*Ocimum basilicum*			+	•	•	
Gemeiner Beifuß	*Artemisia vulgaris*			+	•		
Beinwell	*Symphytum officinale*				+		
Schabzigerklee	*Trigonella melilotus-caerulea*			+			
Eberraute	*Artemisia abrotanum*			+	•	•	
Echter Eibisch	*Althaea officinalis*				+		•
Feuerlilie	*Lilium bulbiferum*						+
Gartenkresse	*Lepidium sativum*	+		•			
Ackerglockenblume	*Campanula rapunculoides*				+		•
Rundblättriges Hasenohr	*Bupleurum rotundifolium*				+		•
Herzgespann	*Leonurus cardiaca*				+		
Koriander	*Coriandrum sativum*			+			
Lavendel	*Lavandula angustifolia*				•	+	
Liebstöckel	*Levisticum officinale*			+	•	•	
Wilde Malve	*Malva sylvestris*				+		•

Deutscher Name	Wissenschaftlicher Name	Verwendung als					
		Gemüse	Obst	Gewürz-pflanze	Heil-pflanze	Duft-pflanze	Zier-pflanze
Meisterwurz	*Peucedanum ostruthium*				+		
Deutsche Mipel	*Mespilus germanica*		+				•
Mutterkraut	*Chrysanthemum parthenium*			+	+	•	•
Pastinak	*Pastinaca sativa*	+			•	•	
Pfefferminze	*Mentha x piperita*		•	•	•	•	
Gemeines Rapünzchen	*Valerianella locusta*	+					
Gartenresede	*Reseda odorata*					+	
Rosmarin	*Rosmarinus officinalis*			•	•	+	
Quitte	*Cydonia oblonga*		+	•			
Echte Salbei	*Salvia officinalis*			•	+	•	•
Echtes Seifenkraut	*Saponaria officinalis*			•	+		+
Einjähriges Silberblatt	*Lunaria annua*						+
Echter Thymian	*Thymus vulgaris*			•	+		
Wilde Tulpe	*Tulipa sylvestris*						+
Wermut	*Artemisia absinthum*			•	+	•	
Ysop	*Hysopus officinalis*			+	•	•	
Zitronenmelisse	*Melisa officinalis*			•	+	•	•

Heil-, Duft- bzw. Zierpflanze dienten. Oft hatten sie sogar eine mehrfache Nutzung, was in damaliger Zeit sicher von Vorteil war.

Die Verwendung zu Heilzwecken ist bei manchen Arten schon aus dem Namen zu ersehen. So leitet sich das Wort Salbei *(Salvia)* vom lateinischen *salvus* (gesund, wohlbehalten) ab, und die Bezeichnung Beinwell läßt auf die früher geschätzte heilende Wirkung bei Knochen- und Beinverletzungen schließen. Auch Mutterkraut *(Chrysanthemum parthenium)* und Herzgespann *(Leonurus cardiaca)* verweisen auf eine entsprechende Verwendung bei Frauenleiden bzw. Herzerkrankungen in der damaligen Volksheilkunde (Abb. 9).

Die als Duftpflanzen zu bezeichnenden Arten dienten unterschiedlichen Zwecken und waren allgemein sehr geschätzt (Abb. 10). Besonders wohlriechende Vertreter wie Balsamkraut *(Chrysanthemum balsamita)*, Basilikum *(Ocimum basilium)*, Lavendel *(Lavandula angustifolia)*, Liebstöckl *(Levisticum officinale)*, Rosmarin *(Rosmarinus officinalis)*, Zitronenmelisse *(Melissa officinalis)* u. a., wurden von den Bäuerinnen zu Riechsträußchen gebunden und beim sonntäglichen Kirchgang mitgeführt. Sie ersetzten mit ihrem Wohlgeruch das Parfüm und erfreuten mit ihrer Blütenfülle manches Auge. Lavendelsträußchen legte man überdies in den Wäscheschrank, um die Wäsche vor Mottenfraß zu schützen und ihr gleichzeitig einen erfrischenden Geruch zu verleihen. Ob seines intensiven Geruchs galt auch der Wermut *(Artemisia absinthum)* als Mottenvertreibungsmittel. Duftpflanzen werden noch heute für kosmetische Zwecke genutzt, denken wir nur an die Herstellung von Lavendelwasser oder die Verwendung von Rosmarinöl im »Kölnischwasser«.

Gewürze waren von jeher zur Zubereitung schmackhafter Speisen oder edler Liköre und anderer Getränke begehrt. Beifuß *(Artemisia vulgaris)* zum Würzen des Gänsebratens, Pfefferminze *(Mentha x piperita)* zur Tee- und Likörbereitung oder Wermut *(Artemisia absinthum)* als aromatisches Bittermittel bei der Herstellung des Wermutweins sind wohl allen gut bekannt. Was wissen wir aber über Schabzigerklee *(Trigonella melilotus-caerulea)* und Koriander *(Coriandrum sativum)*, die in früherer Zeit als Brotgewürz außerordentlich geschätzt waren und deshalb in Bauerngärten nicht fehlen durften? Überhaupt scheint unsere heutige Gewürzpalette etwas verarmt zu sein, wenn man die Vielzahl von Gewürzkräutern besieht (Abb. 11), die in der damaligen Bauernküche eine Selbstverständlichkeit waren, denken wir nur an Basilikum *(Ocimum basilicum)*, Boretsch *(Borago officinalis)*, Liebstöckl *(Levisticum officinale)*, Echten Thymian *(Thymus vulgaris)*, Estragon *(Artemisia dracunculus)* oder Ysop *(Hyssopus officinalis)*.

Abb. 9   Heilpflanzen der Bauerngärten. a Echte Salbei *(Salvia officinalis)*, b Echter Alant *(Inula helenium)*, c Gemeiner Beinwell *(Symphytum officinale)*, d Mutterkraut *(Chrysanthemum parthenium)*, e Herzgespann *(Leonurus cardiaca)*

Aber sicher lebte der Bauerngarten vor allem durch seine Zierpflanzen, die ihm in bunter Fülle das Gepräge gaben. Viele Arten bewundern wir auch heute noch und ziehen sie gern in unseren Gärten (Abb. 12). Ringelblume *(Calendula officinalis)*, Zinnie *(Zinnia elegans)*, Stockrose *(Alcea rosea)*, Pfingstrose *(Paeonia officinalis)*, Madonnenlilie oder Weiße Lilie *(Lilium candidum)*, Jungfer im

Abb. 10   Duftpflanzen der Bauerngärten. a Balsamkraut *(Chrysanthemum balsamita)*, b Lavendel *(Lavandula angustifolia)*, c Rosmarin *(Rosmarinus officinalis)*

30

Abb. 11   Gewürzpflanzen der Bauerngärten. a Koriander *(Coriandrum sativum)*, b Liebstöckl *(Levisticum officinale)*, e Echter Thymian *(Thymus vulgaris)*, d Ysop *(Hyssopus officinalis)*, e Schabzigerklee *(Trigonella melilotus-caerulea)*, f Basilikum *(Ocimum basilicum)*

Grünen *(Nigella damascena)*, Tränendes Herz *(Dicentra spectabilis)*, Bartnelke *(Dianthus barbatus)*, Christrose *(Helleborus niger)*, Orientalischer Mohn *(Papaver orientale)*, Akelei *(Aquilegia vulgaris)*, Gemswurz *(Doronicum orientale)*, Hoher Rittersporn *(Delphinium elatum)*, Blauer Eisenhut *(Aconitum napellus)*, Osterglocke *(Narcissus pseudo-*

Abb. 12   Zierpflanzen der Bauerngärten. a Akelei *(Aquilegia vulgaris)*, b Bartnelke *(Dianthus barbatus)*, c Pfingstrose *(Paeonia officinalis)*, d Feuerlilie *(Lilium bulbiferum)*, e Wilde Tulpe *(Tulipa sylvestris)*, f Echtes Seifenkraut *(Saponaria officinalis)*, g Ringelblume *(Calendula officinalis)*

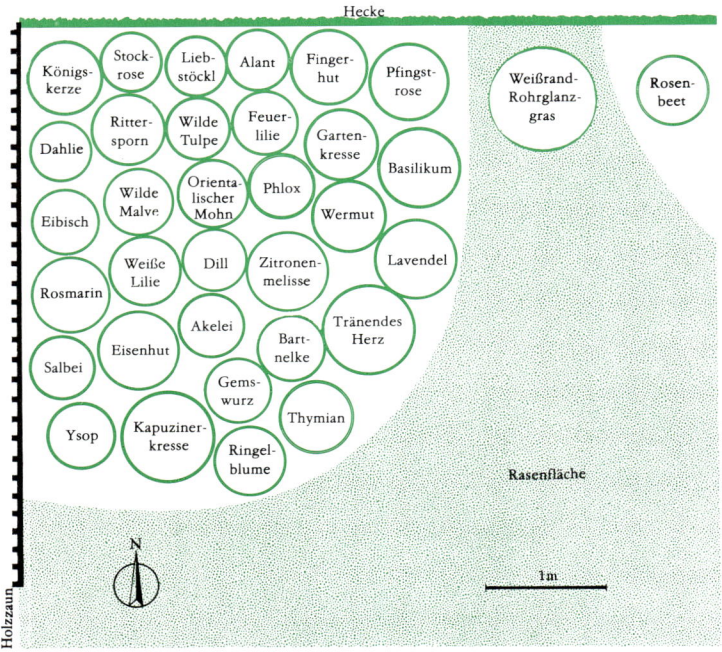

Abb. 13   Bauerngartenecke im Hausgarten

narcissus), Kaiserkrone *(Fritillaria imperialis)*, Schneeglöckchen *(Galanthus nivalis)*, Tausendschönchen *(Bellis perennis)*, Roter Fingerhut *(Digitalis purpurea)* oder Kapuzinerkresse *(Tropaeolum majus)* müssen hier ebenso genannt werden wie Echter Alant *(Inula helenium)*, Echter Eibisch *(Althaea officinalis)*, Feuerlilie *(Lilium bulbiferum)*, Wilde Malve *(Malva sylvestris)*, Mutterkraut *(Chrysanthemum parthenicum)*, Silberblatt *(Lunaria annua)* oder Wilde Tulpe *(Tulipa sylvestris)*, die heute seltener in den Gärten zu finden sind. Sie wuchsen alle im bunten Nebeneinander mit Heil-, Gewürz- und Duftpflanzen sowie Gemüse- und Obstarten. Es war eine nahezu unendliche Zahl: bunt, vielgestaltig und nützlich! Einige, wie das Echte Seifenkraut *(Saponaria officinalis)*, wurden wegen ihrer im Wasser schäumenden Saponine sogar als Waschmittel genutzt, und der Ackerschachtelhalm *(Equisetum arvense)* war beileibe nicht nur Unkraut; seine kieselhaltigen Sprosse hat man auch als Zinnkraut zum Reinigen von Geschirr, Töpfen und Zinngefäßen verwendet. Wir sollten doch den alten Bauerngarten wieder zum Leben erwecken, und sei es nur in einem Teil des Gartens (Abb. 13).

32

1 Die Kaiserkrone *(Fritillaria imperialis)* – eine Wildpflanze aus Westasien

2 Bauerngarten in Ostpolen: Zier- und Nutzpflanzen wachsen dicht nebeneinander.

3 Die Kermesbeere *(Phytolacca americana)* – eine alte Weinfärbepflanze

4 Ackerwachtelweizen *(Melampyrum arvense)* – ein in Europa beheimate-
tes Unkraut

5 Archaeophyten (Alteinwanderer aus dem Mittelmeerraum bzw. Vorderasien): Klatschmohn *(Papaver rhoeas)*, Feldrittersporn *(Consolida regalis)*, Ak-
kersenf *(Sinapis arvensis)* u. a.

6 Die Gemeine Nachtkerze *(Oenothera biennis)* – eine Ruderalpflanze an Wegrändern und Bahndämmen

7 Der Huflattich *(Tussilago farfara)* – eine alte Heilpflanze auf offenen, lehmigen Standorten

8 Der Krause Ampfer *(Rumex crispus)* – ein Unkraut auf wechselfeuchten Wiesen

9 Die Nickende Distel *(Carduus nutans)* – eine Unkrautpflanze auf beweidetem Grünland

10 Kalkacker mit Rundblättrigem Hasenohr *(Bupleurum rotundifolium)* und Feldrittersporn *(Consolida regalis)*

11 Lämmersalat *(Arnoseris minima)* und Kornblume *(Centaurea cyanus)* auf einem Sandacker

12 Ackerschwarzkümmel *(Nigella arvensis)* und andere Kalkunkräuter

13 Die Tollkirsche *(Atropa bella-donna)* – eine Giftpflanze am Waldrand

14 Der giftige Rote Fingerhut *(Digitalis purpurea)* am Waldsaum

Guter Heinrich und Löwenzahn als Gemüse oder für den Salat

Viele erinnern sich noch an Notzeiten nach dem Krieg. Kartoffeln, Gemüse und vor allem Fleisch waren Mangelware oder gar nicht zu haben. Da war es erforderlich, sich in der Ernährung umzustellen und den Speisezettel durch alte, schon beinahe vergessene Kultur- und Wildpflanzen zu ergänzen (Abb. 14). Große Brennessel *(Urtica dioica)*, Pastinak *(Pastinaca sativa)*, Löwenzahn *(Taraxacum officinale)*, Melde *(Atriplex-*Arten) und Gänsefuß *(Chenopodium-*Arten), darunter auch der Gute Heinrich *(Chenopodium bonus-henricus)*, wurden gesammelt und als Gemüse oder Suppenbeilage verwendet. Zu den wiederentdeckten Arten gehörten mancherorts auch Spitzwegerich *(Plantago lanceolata)*, Rainkohl *(Lapsana communis)*, Krauser Ampfer *(Rumex crispus)*, Wiesensauerampfer *(Rumex acetosa)*, Ackerdistel *(Cirsium arvense)*, Ackervergißmeinnicht *(Myosotis arvensis)* und andere Wildkräuter, die aus bäuerlich-ländlicher Überlieferung noch als Nahrungspflanzen bekannt waren. Sicher sind heute nicht wenige Menschen über solche Eßgewohnheiten verwundert und wollen sie allenfalls für Kriegs- und Nachkriegszeiten gelten lassen. Dabei wird vergessen, daß in früherer Zeit auch in Mitteleuropa Mißernten vorkamen, die zur Einschränkung und Veränderung der Ernährung zwangen. Allerdings spielten Wildkräuter als Gemüse in südlicheren, artenreicheren Florenzonen immer schon eine wichtige Rolle, ganz abgesehen von tropischen Gebieten, wo ihnen große Bedeutung für die menschliche Ernährung zukommt.

Viele ehemalige Gemüsepflanzen sind durch veränderte Eßgewohnheiten, die zumeist mit dem Anbau neuer Kulturpflanzen einhergingen, aus unseren Gärten verschwunden oder doch stark zurückgegangen. So gab es eine ganze Reihe von Arten, die dem Spinat zum Opfer fielen. Zu nennen wären die aus dem Orient stammende Gartenmelde *(Atriplex hortensis)*, der heute noch in osteuropäischen Ländern angebaute Gartensauerampfer *(Rumex rugosus)* und der als Gemüse- und Salatpflanze bekannte Portulak *(Portulaca oleracea* var. *sativa)*, dessen Wildform als »Unkraut« in nährstoffreichen Gärten und Weinbergen vorkommt. Auch der zu den Garten- und Ackerunkräutern zählende Aufsteigende Fuchsschwanz *(Amaranthus lividus)* ist ein solches »Spinatopfer«. Seine großblättrige Kulturform hat man in Mitteleuropa bis in das 17. Jahrhundert als Gemüse genutzt, ehe sie von anderen Kulturpflanzen, speziell vom Spinat, abgelöst wurde.

Ziemlich selten ist auch der Mangold *(Beta vulgaris)* geworden, der in vielen Landesteilen, so in Anhalt, als schmackhaftes Blattgemüse angesehen war.

Abb. 14 Alte Gemüse- und Salatpflanzen. a Pastinak *(Pastinaca sativa)*, b Löwenzahn *(Taraxacum officinale)*, c Guter Heinrich *(Chenopodium bonus-henricus)*, d Portulak *(Portulaca oleracea)*, e Gemeine Brunnenkresse *(Nasturtium officinale)*

Die Liste könnte noch durch viele weitere Arten vervollständigt werden. So ließe sich das Rapünzchen *(Valerianella locusta)* anführen, das als Frühgemüse wirtschaftliche Bedeutung erlangte und dessen Kultur bis in das 17.Jahrhundert zurückgeht.

Schließlich sei auch auf Gartenkresse *(Lepidium sativum)* und Gemeine Brunnenkresse *(Nasturtium officinale)* aufmerksam gemacht, die ihres würzigen Geschmacks wegen als Salat geschätzt sind. Es hat den Anschein, daß sich beide Arten zunehmender Beliebtheit erfreuen und wieder häufiger in unseren Gärten angebaut werden.

Veränderte Trinkgewohnheiten, wie die Zunahme des Bierkonsums in traditionellen Weinanbaugebieten brachten ebenfalls Artenverluste in Bauerngärten mit sich. Als Weinfärbepflanze hatte die Kermesbeere *(Phytolacca americana)* ehemals eine weite Verbreitung gefunden (Abb. 15). Der dunkelrote Saft der Beeren wurde zum Färben des Rotweins verwendet. Heute ist die stattliche Pflanze, die mit ihren rotschwarzen Früchten auch einen hohen Zierwert besitzt, in den Gärten sehr selten geworden. Das gleiche Schicksal ereilte auch die Weinraute *(Ruta graveolens)* und die Muskatellersalbei *(Salvia sclarea)*, die als Weinwürzpflanzen bekannt waren (Abb. 15).

Der alte Bauerngarten hatte eine Menge an Nützlichem anzubieten und hielt Gewürze, Gemüse und Pflanzen für Hausteemischungen in reicher Auswahl bereit. Manch Übergewichtiger denkt nach fettreicher Ernährung in der Winterzeit an eine Früh-

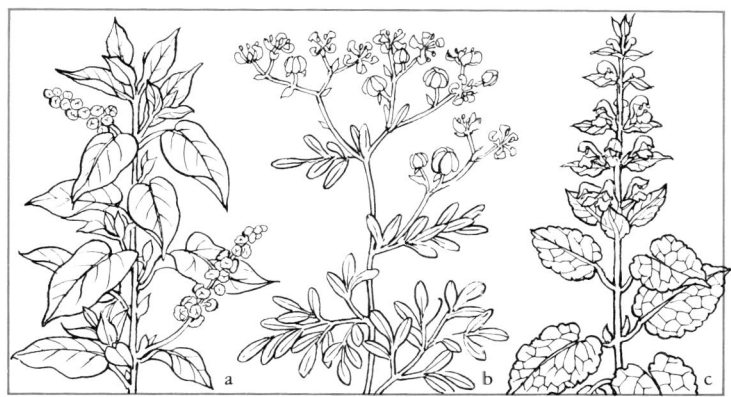

Abb. 15 Alte Weinfärbe- und Weinwürzpflanzen. a Kermesbeere (Phytolacca americana), b Weinraute (Ruta graveolens), c Muskatellersalbei (Salvia sclarea)

jahrskur, deren Sinn darin besteht, die Tätigkeit von Niere, Leber, Haut und Darm anzuregen. Er fände im Bauerngarten alles Notwendige: Löwenzahn (Taraxacum officinale). Feldstiefmütterchen (Viola arvensis), Gemeine Schafgarbe (Achillea millefolium), Große Brennessel (Urtica dioica), Brunnenkresse (Nasturtium officinale), Akkerschachtelhalm (Equisetum arvense) und Blüten vom Schwarzen Holunder (Sambucus nigra). Als Salat zubereitet und mit Rapünzchen (Valerianella locusta), Zwiebel (Allium cepa) und Rettich (Raphanus sativus) gemischt, böte sich eine schmackhafte, stoffwechselfördernde Gesundheitskost.

Geheimnisvolle Zauberdrogen, Giftpflanzen und Heilkräuter

Seit alters verbindet den Menschen mit bestimmten Pflanzen eine geheimnisvolle Zauberwelt. Besonders unter den Nachtschattengewächsen (Solanaceae) finden sich Arten mit »magischer Wirkung«. Bilsenkraut (Hyoscyamus niger), Tollkirsche (Atropa belladonna) oder Stechapfel (Datura stramonium) vermögen Rauschzustände und Wahnvorstellungen hervorzurufen, die durch die Tropanalkaloide Hyoscyamin, Atropin und Scopolamin verursacht werden (Abb. 16). Es ist verständlich, daß Pflanzen mit einer derartigen halluzinogenen Wirkung im Mittelalter für alle möglichen Zaubereien und mystische Handlungen Verwendung fanden. So bereitete man aus ihren Extrakten ein berüchtigtes, verhängnisvolles Rauschmittel, das als Hexensalbe bekannt wurde und Aus-

Abb. 16　Alte Zauberdrogen. a Bilsenkraut *(Hyoscyamus niger)*, b Stechapfel *(Datura stramonium)*, c Tollkirsche *(Atropa bella-donna)*

druck dunkelsten mittelalterlichen Aberglaubens war. Auf der Haut verrieben, wobei Achselhöhle, After und Genitalien bevorzugt wurden, gaukelte das Mittel den armen Geschöpfen im transzendenten Zustand Wollust und irdisches Glück vor, gerade so, wie es den Hexen in der Walpurgisnacht nach abergläubischer Vorstellung ergehen sollte, wenn sie in einem Gefühl der Leichtigkeit und des Überschwangs auf einem Besen durch die Luft ritten.

Diese Halluzinationen waren so intensiv und lange nachwirkend, daß sie selbst nach Ende des Rauschzustandes von den Opfern für wahr gehalten wurden. Daraus ergaben sich verhängnisvolle Folgen für die bedauernswerten Wesen, die man oft als Hexen auf den Scheiterhaufen der Inquisitoren verbrannte.

Natürlich werden Bilsenkraut, Stechapfel, Tollkirsche und andere der Magie dienende Kräuter auch zu Heilzwecken genutzt. Es ist ja immer eine Frage der Dosierung, ob eine Substanz als Gift oder Heilmittel wirkt, und selbstverständlich auch von Bedeutung, in welcher Weise und zu welchem Zweck sie Verwendung findet. In der Hand des Arztes werden Gift- und Zauberdrogen zu wichtigen Hilfsmitteln, auf die auch in der modernen Medizin nicht verzichtet werden kann. Im Gegenteil, wir erleben heute sogar eine gewisse Renaissance der Naturheilkunde, nachdem in den vergangenen Jahrzehnten die Erzeugnisse der chemisch-pharmazeutischen Industrie immer mehr eine beherrschende Stellung einnahmen. Immerhin, Heilpflanzen gehören seit jeher zu unseren wichtigen Arzneimitteln; Arzneibücher aus Vergangenheit und Gegenwart bestätigen das auf eindrucksvolle

Weise. 8 000 Tonnen getrockneter Heildrogen wurden in der ehemaligen DDR jährlich aufgebracht. Der größte Teil stammte aus dem Anbau, aber 20 % wurden als Heilpflanzen in der freien Natur gesammelt, eine gewaltige Menge, die letztlich nur zu bekommen war, wenn die natürlichen Standorte dieser Wildpflanzen erhalten blieb.

Das Bilsenkraut *(Hyoscyamus niger)*, eine zweijährige Pflanze mäßig trockener, stickstoffreicher Böden konnte früher regelmäßig an Wegrändern, Dorfstraßen und Zäunen angetroffen werden, ist aber heute in dem Maße zurückgegangen, wie diese Standorte ihren natürlichen Charakter verlieren. Sicher spielte die Pflanze in der einstigen Volksheilkunde eine wichtige Rolle. Der Name Gichtkraut verweist darauf und läßt auf eine schmerzstillende, beruhigende Wirkung schließen. Im Mittelalter sogar als Narkosemittel bei Operationen verwendet, hat das Bilsenkraut in der heutigen Medizin weitgehend an Bedeutung verloren, wenn man von den Tropanalkaloiden absieht, die aus den oberirdischen Teilen der Pflanze gewonnen werden. Gelegentlich wird noch ein öliger Blattextrakt für schmerzstillende Einreibungen bei rheumatischen Erkrankungen eingesetzt.

Der Stechapfel *(Datura stramonium)* erreicht bis zu 1,20 m Höhe. Seine prächtigen trichterförmigen, weißen bis hellvioletten Blüten und dornig stachligen Früchte, die ihm wohl auch den Namen gaben, sind außerordentlich auffällig und sicher der Grund dafür, daß die aus Amerika stammende Art in Europa zunächst nur als Zierpflanze verwendet wurde. Heute kommt der Stechapfel als Wildkraut an Weg- und Ackerrändern sowie auf Schuttplätzen vor, wobei besonders die wärmeren Gebiete bevorzugt werden. In früherer Zeit wegen des hohen Anteils an erotisch wirksamem Hyoscyamin häufig zur Bereitung von Liebestränken verwendet, ist er seit 1762 als Arzneimittel im Gebrauch. Die aus den Blättern hergestellte Droge findet bei asthmatischen Erkrankungen wegen ihrer krampflösenden Wirkung Verwendung. Dazu werden entweder Asthmazigaretten geraucht oder Räucherpulverdämpfe inhaliert. Weil die ganze Pflanze sehr giftig ist, kommen bei unsachgemäßer Heilbehandlung nicht selten Vergiftungen vor. Es muß deshalb wie auch bei anderen giftigen Pflanzen vor einem medizinisch unkontrollierten Gebrauch nachdrücklich gewarnt werden.

Die Tollkirsche *(Atropa bella-donna)* ist im Gegensatz zum Bilsenkraut und Stechapfel eine Pflanze schattiger Wälder und einsamer Waldwege. In Europa heimisch, maß man der stattlichen, bis zu 2 m hohen, stark verzweigten Staude im Mittelalter große Bedeutung bei. Die glänzend schwarzen Beeren, Tollkirschen genannt, waren stets Hauptzutaten von Rausch-, Liebes-, Zauber-

oder gar Giftgetränken. Schon die Gattungsbezeichnung *Atropa* nimmt darauf Bezug, denn Atropos ist der Name der griechischen Schicksalsgöttin, die den Lebensfaden durchschneidet. Und das war bei überdosierter Anwendung unvermeidlich, denn die Tollkirsche gehört zu den giftigsten einheimischen Pflanzen, deren tödliche Dosis bereits bei 0,1 g Atropin liegt. Weniger schicksalhaft ist der Artname *bella-donna.* Er bedeutet schöne Dame und bezieht sich auf die pupillenerweiternde Wirkung des Atropins. Frauen nutzten diese Eigenschaften und träufelten sich einige Tropfen des Beeren- oder Pflanzensaftes in die Augen, um verführerischer auszusehen! Der Augenarzt nutzt heute noch die pupillenerweiternde Wirkung des Atropins bei Untersuchungen des Augenhintergrundes. Weiterhin ist die Droge, wie die verschiedensten Präparate beweisen, ein wertvolles und unentbehrliches Heilmittel bei der Behandlung von Magen-, Darm- und Blasenkrämpfen sowie übermäßiger Magensaft- und Speicheldrüsensekretion.

Gefährlich giftig und berüchtigt zugleich ist der an Wegrändern und Schuttplätzen wachsende Gefleckte Schierling *(Conium maculatum).* Um allen Verwechslungen aus dem Wege zu gehen, sollte man dieses hohe, oft über 2 m messende Doldengewächs mit seinem grau bereiften, purpurrot gefleckten Stengel genau kennen (Abb. 17). Giftige Alkaloide, darunter das Coniin, das der Pflanze den charakteristischen Mäusegeruch verleiht und von dem schon 0,5 bis 1 g tödlich wirken, führen nach Genuß von Pflanzenteilen, besonders der unreifen Früchte, zu schweren Muskellähmungen und Atembeschwerden. Die todbringende Wirkung war bereits im alten Athen bekannt, als man den Todgeweihten, darunter dem berühmten Sokrates, den »Schierlingsbecher« reichte. Trotzdem diente die Pflanze in früherer Zeit als krampflösendes und schmerzstillendes Mittel, und selbst heute ist die aus ihr gewonnene Droge im Arzneibuch verzeichnet.

An Ufern und Grabenrändern kommt übrigens der ebenfalls sehr giftige Wasserschierling *(Cicuta virosa)* vor, der an seinem dikken, quer gekammerten Wurzelstock erkennbar ist.

Man sollte also einige der wichtigsten Wildpflanzen am Acker- und Wegesrand kennen, denn manch giftige Art, darunter auch der Schwarze Nachtschatten *(Solanum nigrum)*, ein Unkraut der Äkker, Gärten und Schuttplätze, verbirgt sich unter ihnen. In der Hand des Arztes und Pharmazeuten sind Giftpflanzen, wie schon angeführt, oft bedeutsame Heilkräuter. Der Rote Fingerhut *(Digitalis purpurea)*, der an lichten Waldwegen gedeiht und aus dessen Glykosiden herzwirksame Arzneimittel hergestellt werden, ist hierfür ein bekanntes Beispiel (Abb. 17).

Die bunte Kräuterflur der Äcker- und Wegränder birgt eine

Abb. 17   Giftpflanzen an Weg- und Waldrändern. a Gefleckter Schierling *(Conium maculatum)*, b Wasserschierling *(Cicuta virosa)*, c Schwarzer Nachtschatten *(Solanum nigrum)*, d Roter Fingerhut *(Digitalis purpurea)*

Fülle von Heilpflanzen (Abb. 18). Große Brennessel *(Urtica dioica)*, Huflattich *(Tussilago farfara)*, Echte Kamille *(Chamomilla recutita)*, Ackerschachtelhalm *(Equisetum arvense)*, Löwenzahn *(Taraxacum officinale)* oder Wermut *(Artemisia absinthum)* sind bekannte Vertreter, deren Drogen in den Arzneibüchern vieler Länder verzeich-

Abb. 18   Heilpflanzen der Äcker und Wegränder. a Echte Kamille *(Chamomilla recutita)*, b Huflattich *(Tussilagro farfara)*, c Ackerschachtelhalm *(Equisetum arvense)*, d Echtes Eisenkraut *(Verbena officinalis)*, e Wermut *(Artemisia absinthum)*, f Gemeine Schafgarbe *(Achillea millefolium)*, g Hirtentäschel *(Capsella bursapastoris)*, h Kleiner Odermennig *(Agrimonia eupatoria)*

net werden. Aber auch Gemeiner Erdrauch *(Fumaria officinalis)*, Hirtentäschel *(Capsella bursapastoris)*, Kleiner Odermennig *(Agrimonia eupatoria)*, Echtes Eisenkraut *(Verbena officinalis)* u. a. besitzen verschiedene Heilwirkungen (Tab. 4) und waren vor allem früher in der Volksmedizin sehr geschätzt.

Viele Heilpflanzen haben ein breites, häufig auch undifferenziertes Wirkungsspektrum (Tab. 4). Als Kraut (herba), Blätter (folia), Blüten (flores), Frucht (fructus) oder Wurzel (radix) zu Drogen verarbeitet, entfalten sie eine wundheilende, harntreibende oder blutstillende Wirkung. Sie heilen bei Verdauungsstörungen, Erkrankungen der Atmungs- und Harnorgane oder bei Krämpfen, bei Rheuma und sonstigen Schmerzzuständen. Manche Arten sind auch als Gesundheits- und Schönheitspflegemittel bekannt, wie Brennessel oder Echte Kamille, aus der Haarwasser, Hautcreme und andere Kosmetika hergestellt werden.

Eine sehr häufig verwendete Heilpflanze ist die Echte Kamille *(Chamomilla recutita)*. Obwohl sie auch heute noch zu den weit verbreiteten Wildpflanzen auf lehmigen Äckern, Schuttplätzen und Wegrändern gehört, reicht doch ihr natürliches Aufkommen nicht mehr aus, um den Bedarf der pharmazeutischen Industrie zu decken. Da zudem das Kamillepflücken in Wildbeständen sehr aufwendig ist, wurden in vielen Ländern neben dem traditionellen Kleinanbau größere Kulturen angelegt.

Die Inhaltsstoffe der Kamille wirken in erster Linie entzündungshemmend und damit heilungsfördernd. Inhalationen heißer Kamillendämpfe sollen darüber hinaus eine Inaktivierung bakterieller Giftstoffe in den erkrankten Schleimhäuten des Nasen- und Rachenraumes bewirken.

Eine ähnliche Heilwirkung besitzt auch die Römische Kamille *(Anthemis nobilis)*, die in Mitteleuropa seit dem 16. Jahrhundert bekannt ist und in vielen Gärten angebaut wird.

Die spezielle Heilwirkung des Huflattich *(Tussilago farfara)* läßt sich am Wortstamm des Gattungsnamens erkennen, der auf das lateinische Wort *tussis* (Husten) verweist. Offene Standorte an Wegrändern, Böschungen und auf Äckern sind der bevorzugte Siedlungsbereich dieser bereits im zeitigen Frühjahr vor der Blattentfaltung blühenden Pflanze. Als eines der ältesten Hustenmittel findet die Blatt- und Blütendroge in Brust- und Hustentees Verwendung. Früher hat man bei Schweratmigkeit und festem, trockenen Husten den Rauch von Huflattichblättern inhaliert, eine Therapie, die in manchen Landesteilen heute noch üblich ist, wenn ältere Leute dem Tabak Huflattichblätter beimischen und rauchen.

In letzter Zeit haben sich warnende Stimmen gegen die Verwendung von Huflattich als Heilmittel erhoben. Es konnte in der

Tabelle 4:
Heilpflanzen der Äcker und Wegränder (+ = vorrangiger Gebrauch)

Deutscher Name	Wissenschaftlicher Name	Heilwirkung				
		Wunden, Entzündungen	Verdauungsorgane	Atmungsorgane	Harnorgane	Schmerzen, Krämpfe
Große Brennessel	*Urtica dioica*		•		+	•
Echtes Eisenkraut	*Verbena officinalis*	+	•			
Gemeiner Erdrauch	*Fumaria officinalis*	+	+			
Gemeines Hirtentäschel	*Capsella bursa-pastoris*	+	•			
Saathohlzahn	*Galeopsis segetum*	•	•	+		
Huflattich	*Tussilago farfara*	•	•	+		
Echte Kamille	*Chamomilla recutita*	+	•	•		•
Großblütige Königskerze	*Verbascum densiflorum*	•		+		
Löwenzahn	*Taraxacum officinale*		+	+		
Wilde Malve	*Malva sylvestris*		+	•		
Kleiner Odermennig	*Agrimonia eupatoria*	•	+			
Feldrittersporn	*Consolida regalis*	•	•		+	
Ackerschachtelhalm	*Equisetum arvense*	•			+	
Gemeine Schafgarbe	*Achillea millefolium*	•	+		•	•
Schöllkraut	*Chelidonium majus*	•	•			+
Spitzwegerich	*Plantago lanceolata*	•		+		
Wildes Stiefmütterchen	*Viola tricolor*	•		+		
Weiße Taubnessel	*Lamium album*	•	•	•	•	•
Vogelknöterich	*Polygonum aviculare*	•	•	•	+	
Wermut	*Artemisia absinthum*		+		+	•

Pflanze das Alkaloid Senkirin nachgewiesen werden, dem eine karzinogene Wirkung zugeschrieben wird. Weitere inzwischen isolierte lebertoxische Alkaloide sind das Senecionin und Tussilagin. Die Wasserlöslichkeit, Instabilität und geringe Konzentration dieser Stoffe lassen jedoch die weitere Verwendung der Droge als gerechtfertigt erscheinen.

Beim Ackerschachtelhalm *(Equisetum arvense)* ist schon auf die frühere Verwendung als Scheuermittel hingewiesen worden. Die häufig auf Äckern und an Wegrändern zu findende Pflanze dient jedoch seit alters auch den verschiedensten Heilzwecken. Die blutstillende Wirkung, die auch auf andere Kräuter, wie Hirtentäschel *(Capsella bursa-pastoris)*, Gemeine Schafgarbe *(Achillea millefolium)*, Spitzwegerich *(Plantago lanceolata)*, Vogelknöterich *(Polygonum aviculare)* und Echtes Eisenkraut *(Verbena officinalis)* zutreffen soll, wurde dabei ebenso gepriesen wie die Wirkung als harntreibendes Mittel bei Stoffwechselstörungen und Erkrankungen der Harnorgane.

Das Echte Eisenkraut *(Verbena officinalis)*, ein Pflanze mäßig trockener Wegränder, war vor allem im Altertum berühmt. Zur Wundheilung empfohlen, sollte es das beste Mittel bei Stichverletzungen durch eiserne Waffen sein, woher sich möglicherweise auch der Name ableiten läßt. Andererseits war es ebenfalls als Zauberpflanze bekannt, mit der man Eisen härten und Gewitter vertreiben könne.

Gelegentlich wird vom »Bitteren Wermutstropfen« gesprochen und manch einer erinnert sich an jenen wenig wohlschmeckenden Wermuttee, den er bei einer Magenverstimmung als heilendes Getränk gereicht bekam. Eben dieser Bitterstoffe wegen, von denen besonders auf das Absinthin verwiesen sei, ist der Wermut *(Artemisia absinthum)* seit früher Zeit als Heilpflanze bekannt. Wermutpräparate sind verdauungsfördernd und appetitanregend, werden aber auch bei akuten Magen- und Darmbeschwerden sowie Leber- und Gallenleiden verordnet. Die graufilzige, bis zu 1,20 m hohe Staude ist ziemlich regelmäßig an Wegrändern und Schuttstandorten anzutreffen, wird aber auch angebaut, weil ihr insgesamt zu spärliches Vorkommen den Drogenbedarf nicht decken würde. Bei der Anwendung von Wermutdrogen kam es früher häufiger zu schweren Nervenerkrankungen. Ursache dafür waren spirituose Wermutauszüge, die neben den therapeutisch wirksamen und gesundheitlich unbedenklichen Bitterstoffen viel ätherisches Öl enthielten. Die giftigen Thujone des Wermutöls führen aber zu Degenerationserscheinungen im Zentralnervensystem und psychischem Verfall. Aus diesem Grunde sind bei uns seit 1921 Herstellung und Verkauf von Wermutlikören und Wermutspirituosen mit hohem Ölgehalt verboten.

Eine ähnlich appetitanregende und verdauungsfördernde Wirkung besitzt die Gemeine Schafgarbe *(Achillea millefolium)*. Sie ist eine häufig anzutreffende Wiesen- und Wegrandpflanze, die ihrer entzündungshemmenden und krampflösenden Wirkung wegen mancherorts als Bauchwehkraut bezeichnet wird. Der gelegentlich auch anzutreffende Name Soldatenkraut weist auf die frühere Verwendung als blutstillende und wundheilende Droge hin.

Beim Studium alter Kräuter- und Arzneibücher lassen sich viele interessante und zum Teil auch wertvolle Hinweise finden, die kulturgeschichtlich bedeutsam sind und den oft allzusehr strapazierten Begriff Unkraut für viele Pflanzen überdenkenswert erscheinen lassen. In unseren Gärten bieten sich viele Möglichkeiten, alte und ehemals sehr geschätzte Arten zu erhalten. Der Garten als ein Stück gestaltete Natur könnte zu einem echten Lebensraum für Mensch, Pflanze und Tier werden und uns mit seiner Artenvielfalt neue Naturerlebnisse schaffen. Dabei hätten wir gleichzeitig Artenschutz betrieben, sowohl zur Erhaltung alter Zier- und Heilpflanzen, die heute rar geworden sind, als auch für Unkräuter, die Schmetterlingsraupen und Wildbienen als Futterpflanze und Nektarquelle dienen.

Auch in der freien Natur ließen sich viele Wildpflanzen erhalten, manche sogar ohne jeglichen Aufwand. Weshalb müssen Straßen- und Wegränder kurzrasig oder gar vegetationslos sein, um gepflegt zu wirken? Offene, naturnahe Biotope bieten vielen Wildpflanzen und den von ihnen abhängigen Tieren eine geeignete Lebensgrundlage. Sie erfreuen mit ihrer bunten Blumenfülle unser Auge wie Ödlandstandorte, deren ökologische Bedeutung von vielen noch verkannt wird.

Auch Unkräuter sind gesellig

Einjährige, Mehrjährige und andere

Unkräuter sind langlebig, ausdauernd, kaum zu verdrängen, sie vergehen nicht. Mit all diesen Attributen ließen sie sich nach unseren Erfahrungswerten charakterisieren. Doch das stimmt überhaupt nicht. Die meisten von ihnen sind recht kurzlebig, manche gedeihen sogar nur vom Frühjahr bis zum Sommer.

Es gibt einjährige oder annuelle sowie zwei- und mehrjährige Unkräuter (Tab. 5). Bei den Annuellen hat es sich aus praktischen Gründen eingebürgert, von Sommer- und Winterannuellen zu sprechen, je nachdem, ob die zu betrachtenden Unkräuter erst im Frühjahr bei der Bestellung des Ackers mit Sommergetreide oder Hackfrüchten oder schon im Herbst bei der Wintergetreideaussaat

Tabelle 5:
Lebensdauer von Ackerunkräutern

Entwicklungstyp	Lebensdauer	Unkrautart
Einjährige (Annuelle)	eine Vegetationsperiode	
Sommerannuelle	Frühjahr bis Herbst	Schwarzer Nachtschatten *(Solanum nigrum)*, Flughafer *(Avena fatua)*
Winterannuelle	Herbst bis Sommer	Efeuehrenpreis *(Veronica hederifolia)*, Windhalm *(Apera spica-venti)*
Zweijährige (Bienne)	zwei Vegetationsperioden	Gemeine Nachtkerze *(Oenothera biennis)*, Hirtentäschel *(Capsella bursa-pastoris)*
Mehrjährige (Perenne)	mehrere Vegetationsperioden	Gemeine Quecke *(Elytrigia repens)*, Ackerkratzdistel *(Cirsium arvense)*

Abb. 19   Lebensformen der Unkräuter. a und b Hemikryptophyt (Löwenzahn, Kriechender Hahnenfuß), c und d Kryptophyt (Quecke, Ackergoldstern), e Therophyt (Klatschmohn mit überdauerndem Samen im Boden). Überwinternde Teile schwarz ausgezeichnet

keimen. Manche Annuelle vermögen sogar in Sommertracht zu überwintern, d. h., man findet sie im Winter beblättert und blühend. Ein allerorts bekanntes Beispiel hierfür ist die Vogelmiere *(Stellaria media)*. Alle einjährigen Arten haben aber unabhängig vom Termin der Keimung höchstens eine Lebensdauer von einem Jahr und produzieren reichlich Samen, mit denen sie ökologisch ungünstige Jahreszeiten überdauern.

Zweijährige oder bienne Unkräuter kommen dagegen im ersten Lebensjahr vegetativ vor und treten im zweiten Jahr in das generative Stadium ein, d. h., sie blühen und fruchten.

Die mehrjährigen oder perennen Unkräuter sind ausdauernde Arten. Sie pflanzen sich generativ durch Samen fort und vermehren sich außerdem vegetativ durch Ausläufer, Knollen, Zwiebeln oder andere meist unterirdische Organe (Abb. 19). Daraus geht bereits hervor, daß eine Unterscheidung in Samen- und Wurzelunkräuter unlogisch und verwirrend ist. Zwar vermehren sich einjährige Unkräuter vorwiegend durch Samen, doch finden wir diesen Typ der Fortpflanzung auch bei mehrjährigen Arten, wenngleich sich darunter wieder einige vorwiegend vegetativ vermehren wie die allbekannte Quecke *(Elytrigia repens)*. Gelegentlich werden auch die Begriffe Therophyt oder Geophyt verwendet. Beide entstammen dem Lebensformenspektrum von Raunkiaer, der bei Pflanzen hinsichtlich der Lebensdauer der Sprosse und der Lage der überwinternden Organe 5 Wuchsformtypen unterschied: die Phanerophyten oder Bäume und Sträucher, die Cha-

Gräser

Einblattstadium
   Erstes Blatt
   zur Hälfte
   entfaltet

Dreiblattstadium
   Drittes Blatt
   zur Hälfte
   entwickelt

Bestockungsstadium
   Nebensprosse
   erkennbar

Blütenstadium
   Halmstreckung
   („Schossen")
   abgeschlossen.
   Blütenstand und
   Staubbeutel sichtbar

Reifestadium
   Pflanze fruchtend,
   vergilbend

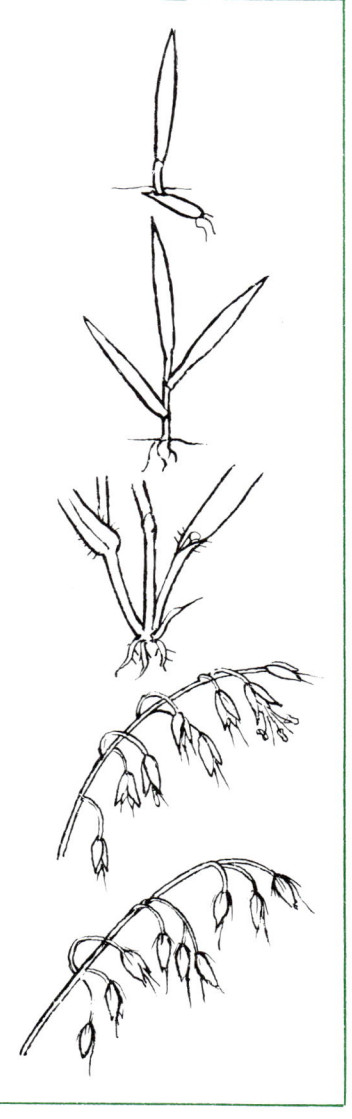

Abb. 20   Entwicklungsstadien von Unkräutern

46

Kräuter	

Keimblattstadium
  Beide Keim-
  blätter voll
  entfaltet
	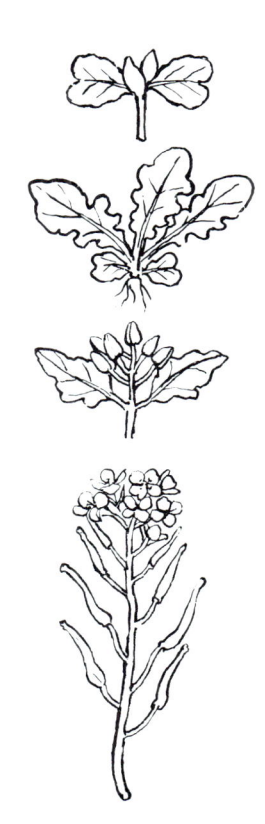

Laubblattstadium
  Mehrere Laub-
  blätter
  entwickelt	

Knospenstadium
  Blütenknospen
  erkennbar	

Blütenstadium
  Mehrzahl der
  Blüten aufgeblüht.
  Beginnende
  Fruchtbildung	

Reifestadium
  Pflanze fruchtend,
  vergilbend	

maephyten oder Zwergsträucher, die Hemikryptophyten oder Stauden, die Kryptophyten bzw. Geophyten oder Erdpflanzen, wie die rhizom-, knollen- oder zwiebelbildenden Arten, und schließlich die Therophyten, Annuelle, die eine ungünstige Jahreszeit nur mit Samen überdauern (Abb. 19).

Im Ackerland, das in der Regel einer ständigen Bodenbearbeitung unterliegt, kommen vor allem Therophyten und Geophyten, vereinzelt auch Hemikryptophyten vor. Dabei kann die eine oder andere Art auf unbearbeitetem Boden als Hemikryptophyt gedeihen, währenddessen sie auf bearbeiteten Äckern als Geophyt zu finden ist. Als Beispiele mögen Ackerminze *(Mentha arvensis)* oder Ackerglockenblume *(Campanula rapunculoides)* genannt sein.

Je nach Fruchtfolge und Bewirtschaftungsintensität sind Therophyten, Geophyten und Hemikryptophyten ungleich stark am Aufbau der Unkrautvegetation beteiligt. So überwogen in früheren Jahrhunderten die Hemikryptophyten und Geophyten. In den heute intensiv bearbeiteten Kulturen herrschen dagegen mit etwa 75 % die Therophyten vor.

Wie jede Pflanze durchlaufen auch Unkräuter typische Entwicklungsstadien. Bekannte und wichtige Abschnitte sind das Keimblattstadium, der Zeitpunkt der Bestockung bei Gräsern sowie das Blüten- und Reifestadium, in dem die Fruchtbildung erfolgt (Abb. 20). Im Keimblattstadium sind die meisten Unkräuter gut zu erkennen. Das ist auch notwendig, weil in diesem Entwicklungsabschnitt häufig die Bekämpfung vorgenommen wird. Dabei werden die Bekämpfungsmethode und der mögliche Einsatz der Herbizide nach Art und Menge der vorhandenen Unkräuter festgelegt.

Unkräuter haben eine relativ hohe Samenproduktion. Da überdies die meisten Arten auch über längerlebige Samen verfügen (Tab. 6), ist das Samenpotential trotz jährlicher Schwankungen der Samenbildung und einschränkender Bedingungen durch die Unkrautbekämpfung über lange Zeiträume konstant und relativ hoch. So werden für gering verunkrautete Felder 7 000 bis 30 000 Samen je Quadratmeter angegeben. Auf stark verunkrauteten Äckern kann die Samenmenge sogar auf 300 000 je Quadratmeter steigen.

Mit zunehmender Bodentiefe nimmt die Lebensdauer der Samen geringfügig zu. Das kann u. a. beim Gemeinen Windhalm *(Apera spica-venti)* dazu führen, daß die Samen in den obersten Bodenschichten schon nach wenigen Monaten absterben, wohingegen sie in tieferen Lagen mehr als zwei Jahre keimfähig sind. Beim jährlichen Pflügen werden sie wieder nach oben gebracht und keimen aus.

Unmittelbar nach der Reife weisen die Samen der meisten Un-

Mittlere Anzahl von Samen je Pflanze und ungefähre maximale Lebensdauer im Boden (Jahre)

Deutscher Name	Wissenschaftlicher Name	Samen	
		Anzahl	Lebens- dauer
Vogelknöterich	*Polygonum aviculare*	150	50
Purpurrote Taubnessel	*Lamium purpureum*	200	5
Feldrittersporn	*Consolida regalis*	200	11
Flughafer	*Avena fatua*	200	8
Kornrade	*Agrostemma githago*	200	2
Kornblume	*Centaurea cyanus*	800	10
Ackerhellerkraut	*Thlaspi arvense*	900	30
Ackersenf	*Sinapis arvensis*	1 200	35
Gemeiner Windhalm	*Apera spica-venti*	2 000	11
Weißer Gänsefuß	*Chenopodium album*	3 000	39
Hirtentäschel	*Capsella bursa-pastoris*	5 000	35
Geruchlose Kamille	*Matricaria maritima*	5 000	11
Echte Kamille	*Chamomilla recutita*	5 300	11
Vogelmiere	*Stellaria media*	15 000	60
Klatschmohn	*Papaver rhoeas*	20 000	11

kräuter eine mehrwöchige bis mehrmonatige Keimhemmung auf. Die Dauer ist artspezifisch und wie der gesamte Vorgang der Keimung von Umweltfaktoren abhängig. Insbesondere spielen die Temperatur- und Feuchtigkeitsverhältnisse des Bodens eine Rolle. Unter einer dichten Pflanzendecke und auf hartem, verkrusteten Boden keimen kaum Unkräuter. Flache Bodenbearbeitung scheint dagegen durch veränderte Sauerstoff- und Kohlendioxidverhältnisse im Boden die Keimung zu fördern.

Die Mehrzahl der Unkräuter läuft aus geringen Bodentiefen von weniger als 2 bis 3 cm auf. Keim- und Auflauftiefe sind ebenfalls artspezifisch und werden auch von den Bodenverhältnissen beeinflußt. Kleinsamige Arten keimen im allgemeinen nahe der Oberfläche, während großsamige Arten wie der Flughafer *(Avena fatua)* noch aus 20 cm Tiefe auflaufen können.

Es ist übrigens wissenschaftlich nicht zulässig, in jedem Fall von Samen zu sprechen, denn die Vermehrungseinheiten können auch Früchte und Fruchtstände, wie bei Gräsern und Korbblütlern bzw. Gänsefußgewächsen, sein. Man spricht deshalb oft von Diasporen und meint ganz allgemein Verbreitungseinheiten von Pflanzen.

Die Diasporen vieler Unkräuter können über weite Strecken

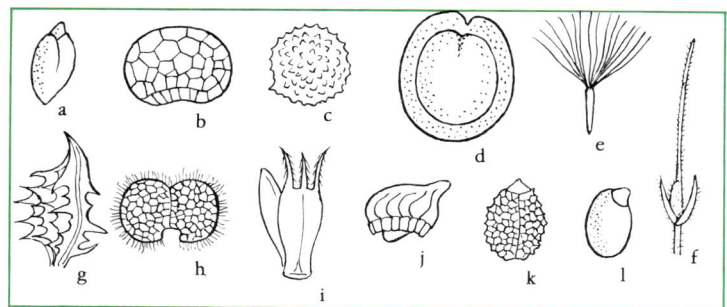

Abb. 21 Diasporen von Unkräutern mit verschiedenen Verbreitungsein-richtungen. 1. Windverbreitung infolge geringen Gewichts (a, b, c) bzw. Ausbildung von flügelartigen Vorwölbungen oder Haarschöpfen (d, e, f). 2. Tierverbreitung durch Ausbildung von Stacheln und Haken (g, h, i) bzw. von Elaiosomen (j, k, l).

a Krötenbinse *(Juncus bufonius)*, b Klatschmohn *(Papaver rhoeas)*, c Vogel-miere *(Stellaria media)*, d Zurückgekrümmter Amarant *(Amaranthus retrofle-xus)*, e Huflattich *(Tussilago farfara)*, f Gemeiner Windhalm *(Apera spica-venti)*, g Ackerhahnenfuß *(Ranunculus arvensis)*, h Klettenlabkraut *(Galium aparine)*, i Dreispaltiger Zweizahn *(Bidens tripartita)*, j Ackerkrummhals *(Anchusa arvensis)*, k Sonnenwendwolfsmilch *(Euphorbia helioscopia)*, l Feld-stiefmütterchen *(Viola arvensis)* (nach Slobodda verändert)

verbreitet werden, weil sie kleinsamig, flug-, schwimm- oder haft-fähig sind (Abb. 21). So verdankten schon früher viele Arten ihre schnelle Verbreitung dem Umstand, daß ihre Samen und Früchte an den Hufen oder am Fell der weidenden Tiere festhafteten und auf diese Weise epizoisch verbreitet wurden. Endozoische Ver-breitung erfuhren häufig solche Arten, deren Samen keine beson-deren Haftvorrichtungen besaßen und den Magen-Darmkanal der Tiere passierten, ohne dabei die Keimfähigkeit zu verlieren. Inter-essant ist auch, daß Ameisen Unkräuter verbreiten, weil ihnen Anhängsel an den Samen dieser Pflanzen, sogenannte Elaioso-men, als Nahrung dienen. Ein Beispiel dafür ist das Feldstiefmüt-terchen *(Viola arvensis)*, das zur Familie der Veilchengewächse ge-hört und häufig auf unseren Äckern vorkommt.

Die vegetative Vermehrung ist bei manchen Arten stark ausge-prägt. So können etwa 1 cm lange Queckenrhizome innerhalb einer Vegetationsperiode bis zu einer Länge von 4 m auswachsen. Wenn diese Ausläufer mit dem Pflug oder der Scheibenegge zer-schnitten werden, bilden sich aus den Teilstücken wiederum neue Jungpflanzen.

Landwirtschaftliche Maßnahmen, wie Eggen, Hacken oder der Einsatz von Herbiziden, bewirken, daß viele Unkräuter schon vor der Samenreife vernichtet werden. So haben solche Vertreter einen Vorteil, deren Samen nicht gleichzeitig keimen. Keimverzug mußte also in der Evolution der Unkräuter als Vorteil gelten; kein Wunder, daß die meisten Arten dieses charakteristische Merkmal aufweisen. Andererseits haben jedoch Wirtschaftsmaßnahmen des Menschen bewirkt, daß in bestimmten Fällen »Kulturpflanzeneigenschaften« bei Unkräutern auftraten und selektioniert wurden. Das war u. a. bei Kornrade *(Agrostemma githago)* und Roggentrespe *(Bromus secalinus)* der Fall, die nur einen geringen Keimverzug haben und durch ein rasches und vollständiges Auskeimen ihrer Samen gekennzeichnet sind. Es kommt hinzu, daß beide Arten ihre Keimfähigkeit im Boden meist schon nach wenigen Monaten verlieren. Sie können deshalb auf Äckern nur erhalten bleiben, wenn sie alljährlich mit dem Getreide ausgesät werden. Das war aber nur unter früheren agrotechnischen Bedingungen der Fall, d. h. zu einer Zeit, als es noch keine moderne Saatgutreinigung gab. Diesen sogenannten Saatunkräutern im engeren Sinne stehen andere Arten wie die Kornblume *(Centaurea cyanus)* nahe. Ihre Diasporen fallen zumeist ebenfalls der heutigen Saatgutreinigung zum Opfer. Sie bleiben allerdings länger keimfähig, so daß insgesamt gesehen noch keine so starke Bedrohung dieser Art besteht.

Ein Ackerunkraut muß also im Hinblick auf seine Entwicklung ganz bestimmte Eigenschaften aufweisen, wenn ein Fortdauern über längere Zeiträume gesichert werden soll. Ist es ein kurzlebiger Therophyt, und das sind die meisten Arten, so muß es sich von der Keimung an rasch entwickeln und vor der Ernte der Kulturfrucht zur Frucht- und Samenreife gelangen. Überhaupt muß gewährleistet sein, daß die Entwicklungsrhythmik der Art dem Bearbeitungsrhythmus der Feldfrüchte entspricht. Schließlich trotzen die Unkräuter auch den Herbiziden, indem wenigstens einige Individuen später keimen oder nach Schädigung wieder auszutreiben vermögen.

Anspruchslose, Anspruchsvolle und Spezialisten

In Mitteleuropa kommen mehr als 300 Unkrautarten auf den Äckern vor. Diese große Anzahl mag den einen oder anderen etwas verwundern, weil er aus seinem Heimatgebiet viel weniger Arten kennt. Aber darunter befinden sich viele seltene Vertreter, die aus den unterschiedlichsten Gründen nicht überall gedeihen oder deren Vorkommen insgesamt sehr spärlich ist. Wir erfuhren schon, daß unsere Ackerunkräuter verschiedener Herkunft sind. Viele

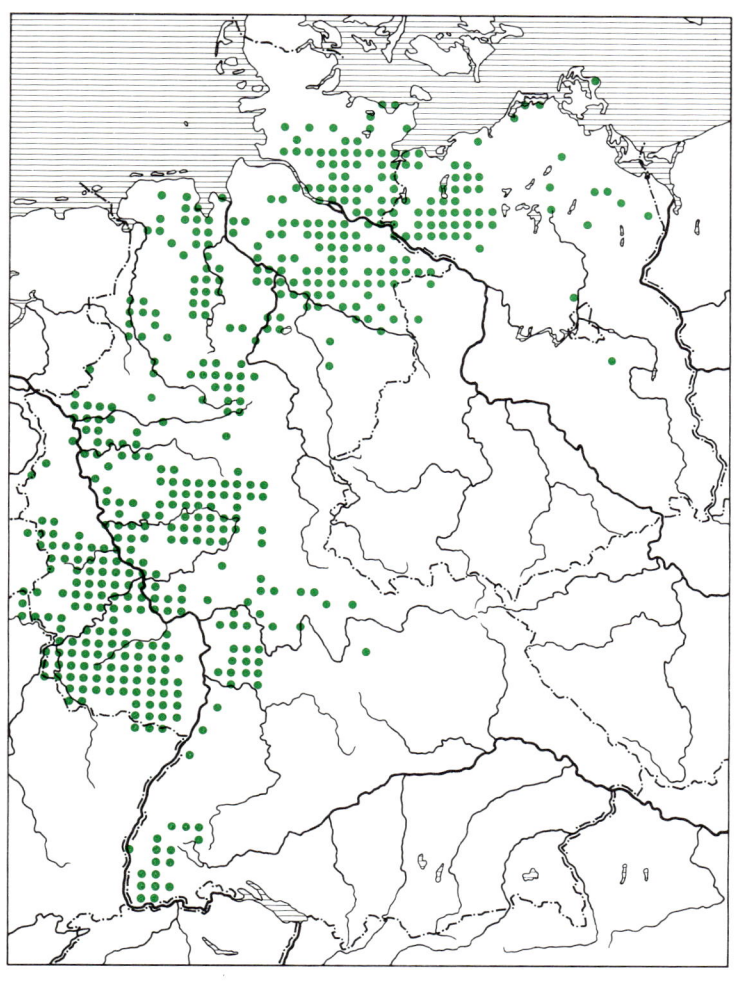

Abb. 22 Verbreitung des Saathohlzahns *(Galeopsis segetum)* in Zentraleuropa (verändert nach Hilbig und Hahn sowie Haeupler und Schönfelder)

waren ursprünglich nur mediterran oder vorderasiatisch verbreitet. Wen überrascht es da, daß solche Arten auch in Mitteleuropa die wärmeren südlichen Lagen bevorzugen und den rauheren Norden meiden (Abb. 22). Beispiele dafür sind die Ackerhaftdolde *(Caucalis platycarpos)*, das Rundblättrige Hasenohr *(Bupleurum rotundifolium)* oder der Strahlenbreitsame *(Orlaya grandiflora)*, um

nur einige charakteristische Arten aus der Familie der Doldenge-
wächse zu nennen. Ganz ähnlich ist es mit ozeanisch verbreiteten
Arten, wie dem Ackerfuchsschwanz *(Alopecurus myosuroides)* oder
dem Saathohlzahn *(Galeopsis segetum)*, die bevorzugt im westlichen
Europa vorkommen und die östlichen kontinentalen Gebiete meiden. Dort finden wir wiederum verstärkt Arten, wie Sophienrauke
(Descurainia sophia) oder Pfeilkresse *(Cardaria draba)*. Daran können wir sehen, daß Ackerunkräuter ganz bestimmte Klimaberei-
che bevorzugen und demzufolge als Indikatorpflanzen zu gebrauchen sind. Das hat man sich bei der pflanzengeographischen
Landschaftsgliederung zunutze gemacht, bei der auf den Indika-
torwert der Ackerunkrautvegetation gar nicht verzichtet werden
kann, weil große Teile Mitteleuropas wie die Magdeburger Börde
reines Ackerland sind.

Natürlich gibt es auch Unkräuter, die große Gebiete besiedeln
und in vielen Teilen der Welt zu Hause sind. Solche Arten finden
wir auch in unseren Gärten und Ackerfluren, denken wir nur an
die bekannte Vogelmiere *(Stellaria media)* oder an den Weißen
Gänsefuß *(Chenopodium album)*, der volkstümlich gern als Melde
bezeichnet wird (Abb. 2).

Im Gegensatz zu den doch allem Anschein nach gesetzmäßig
strukturierten Pflanzenbeständen der Wälder, Moore und Wiesen
galten die Ackerunkrautfluren lange Zeit als relativ zufällig ent-
standene Vegetationsformen. Dieser Eindruck wurde sicher noch
dadurch verstärkt, daß je nach angebauter Kulturfrucht unterschiedliche Arten zur Dominanz gelangen und die Unkrautvegetation auf diese Weise von Jahr zu Jahr ein anderes Bild bietet.
Tatsächlich sind die Unkrautbestände in Getreidekulturen und
Hackfrüchten unterschiedlich, wenn man die jeweiligen Hauptunkräuter betrachtet. Das führt zu der Erkenntnis, daß Unkrautgemeinschaften ganz offenbar durch eine Vielzahl ökologischer Faktoren geprägt werden, unter denen die Anbaubedingungen eine
nicht zu unterschätzende Rolle spielen. Wie bei jedem anderen
Vegetationstyp bestimmen aber auch die Bodenverhältnisse sehr
entscheidend die Struktur der jeweiligen Unkrautflur.

Viele Arten unterscheiden sich in ihren Ansprüchen an die Basensättigung des Bodens. Während Ackerhaftdolde *(Caucalis platycarpos)*, Venuskamm *(Scandix pecten-veneris)*, Ackerkohl *(Conringia
orientalis)*, Sommeradonisröschen *(Adonis aestivalis)* u. a. Kalkstandorte bevorzugen und damit in Muschelkalkgebieten zu den charakteristischen Arten gehören (Abb. 23), findet man Lämmersalat
(Arnoseris minima), Grannenruchgras *(Anthoxanthum aristatum)* oder
Bauernsenf *(Teesdalia nudicaulis)* auf basenarmen Sanden, die vor
allem auf Diluvialstandorten, d. h. in eiszeitlich geformten Land-
schaften, vorkommen (Abb. 24). Auf lehmigen Böden mittlerer Ba-

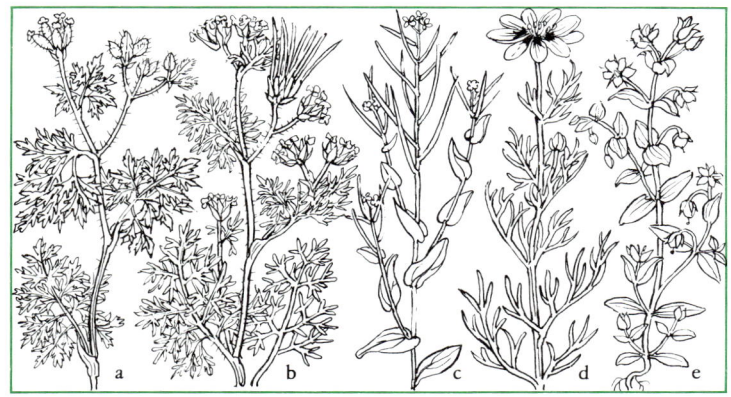

Abb. 23 Unkräuter kalkreicher Äcker. a Ackerhaftdolde *(Caucalis platycarpos)*, b Venuskamm *(Scandix pecten-veneris)*, c Ackerkohl *(Conringia orientalis)*, d Sommeradonisröschen *(Adonis aestivalis)*, e Blauer Gauchheil *(Anagallis foemina)*

sensättigung sind so bekannte Unkräuter wie Feldrittersporn *(Consolida regalis)*, Echte Kamille *(Chamomilla recutita)* oder Feldehrenpreis *(Veronica arvensis)* angesiedelt. Solche Standorte haben für die landwirtschaftliche Produktion große Bedeutung, denken wir nur an die Magdeburger Börde, das Thüringer Becken oder an das Sächsische Löß-Lehm-Hügelland.

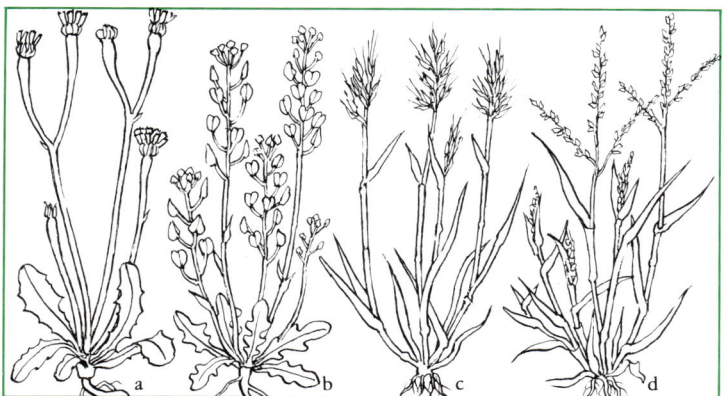

Abb. 24 Unkräuter basenarmer Äcker. a Lämmersalat *(Arnoseris minima)*, b Bauernsenf *(Teesdalia nudicaulis)*, c Grannenruchgras *(Anthoxanthum aristatum)*, d Kahle Fingerhirse *(Digitaria ischaemum)*

Die genannten Arten sind vornehmlich für Winterungskulturen, also für Winterweizen, Wintergerste oder Winterroggen, typisch. In Sommerungskulturen, wie Kartoffeln, Rüben oder Mais, kann man Blauen Gauchheil *(Anagallis foemina)*, Vaillantserdrauch *(Fumaria vaillantii)*, Einjähriges Bingelkraut *(Mercurialis annua)*, Kleinblütiges Franzosenkraut *(Galinsoga parviflora)*, Kahle Fingerhirse *(Digitaria ischaemum)* u. a. antreffen. Dabei erhebt sich die Frage, weshalb Sommerungs- und Winterungskulturen so unterschiedlich mit Unkräutern besetzt sind. Die Standweite der Kulturfrucht könnte wichtig sein, ebenso ihre Konkurrenzkraft gegenüber den Unkräutern, die wir ja besonders von der Kartoffel her kennen. Sie ist uns vom Garten als ein Unterdrücker raschen Unkrautwuchses bekannt. Das sind aber ganz offenbar nicht die entscheidenden Einflußgrößen. Als wirklich differenzierender ökologischer Faktor gilt die Temperatur, insbesondere die Bodentemperatur, die je nach dem Bestelltermin der Kulturfrucht unterschiedlich ist. So kommen in den Winterfrüchten vornehmlich Kältekeimer, in den Sommerfrüchten aber Wärmekeimer zur Entwicklung (Abb. 25). Entsprechend sind Wintergetreidefelder zur Zeit der Unkrautbekämpfung im Herbst und im zeitigen Frühjahr mit Jungpflanzen von Vogelmiere *(Stellaria media)*, Ehrenpreisarten *(Veronica hederifolia, V. persica* u. a.), Taubnesselarten *(Lamium purpureum, L. amplexicaule)* und Gemeinen Windhalm *(Apera spicaventi)* bestanden, währenddessen in Rüben, Mais und Kartoffeln ausgesprochene Wärmekeimer, wie Hirsearten der Gattung *Setaria, Digitaria* und *Echinochloa,* Franzosenkrautarten *(Galinsoga, parviflora, G. ciliata)* oder Einjähriges Bingelkraut *(Mercurialis annua),* gedeihen. Letztere benötigen für ihre Keimung Bodentemperaturen von etwa 20 °C, die zumeist nur im Frühjahr zur Bestellzeit der Sommerkulturen herrschen. Natürlich kann auch in einem warmen Herbst Franzosenkraut oder Hirse im Wintergetreide keimen. Doch diese Arten überstehen den Winter nicht, weil sie schon bei den ersten Bodenfrösten erfrieren.

Viel wäre noch zu ökologischen Ansprüchen der Unkräuter zu sagen. So haben wir noch nicht darauf hingewiesen, daß es Krumenfeuchtezeiger, wie Sumpfruhrkraut *(Gnaphalium uliginosum)*, Mäuseschwänzchen *(Myosurus minimus)*, Krötenbinse *(Juncus bufonius)* oder Pfefferknöterich *(Polygonum hydropiper)*, gibt und andere Arten, wie Ackerminze *(Mentha arvensis)* oder Ackerschachtelhalm *(Equisetum arvense)*, sogar ihren Verbreitungsschwerpunkt auf nassen, verdichteten Böden haben (Abb. 26).

Landwirtschaftlich sind vor allem Unkräuter von Interesse, die von Natur aus stickstoffreiche Böden besiedeln und deshalb auf alle Düngungs- und Intensivierungsmaßnahmen mit zunehmender Massenentwicklung reagieren. Hier sei in erster Linie an Hüh-

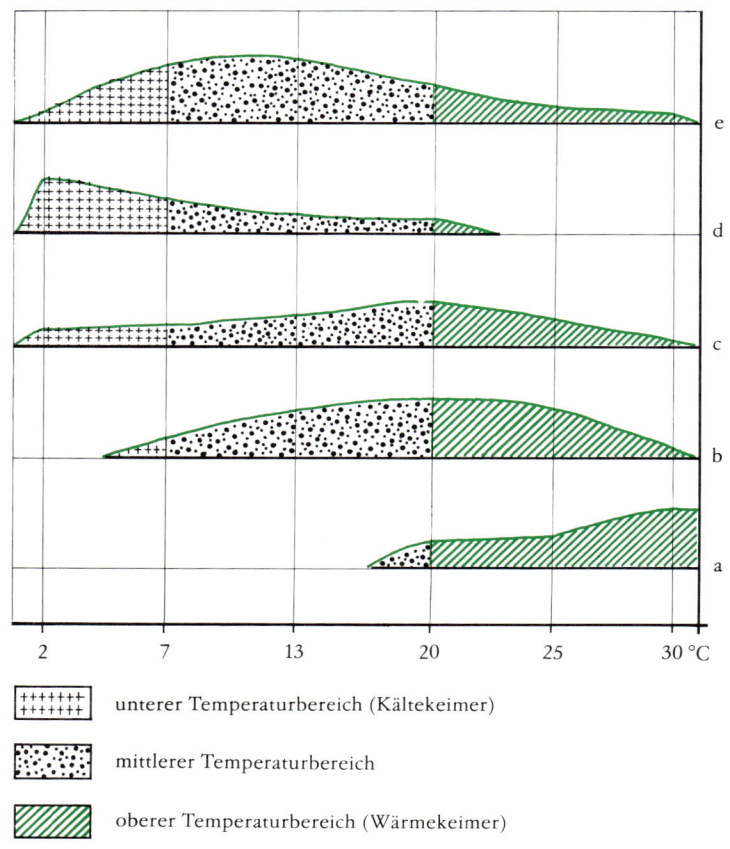

Abb. 25 Keimungsarten ausgewählter Ackerunkräuter bei unterschiedlichen Temperaturen. a Hühnerhirse *(Echinochloa crus-galli)*, b Einjähriges Bingelkraut *(Mercurialis annua)*, c Weißer Gänsefuß *(Chenopodium album)*, d Ackersenf *(Sinapis arvensis)*, e Vogelmiere *(Stellaria media)* (verändert nach Ellenberg)

nerhirse *(Echinochloa crus-galli)*, Franzosenkrautarten *(Galinsoga parviflora, G. ciliata)*, Rauhe Gänsediestel *(Sonchus asper)*, Klettenlabkraut *(Galium aparine)* und Vogelmiere *(Stellaria media)* gedacht, die den meisten von uns aus Garten und Feldflur gut bekannt sind (Abb. 27).

Natürlich gibt es auch indifferente Arten, die eine weite ökologische Amplitude haben und auf fast allen Ackerstandorten vorkommen. Unter ihnen sind der Vogelknöterich *(Polygonum avicu-*

Abb. 26 Ackerunkräuter als Feuchtigkeitszeiger. a Sumpfruhrkraut *(Gnaphalium uliginosum)*, b Mäuseschwänzchen *(Myosurus minimus)*, c Krötenbinse *(Juncus bufonius)*, d Pfefferknöterich *(Polygonum hydropiper)*, e Ackerminze *(Mentha arvensis)*

lare), die Gemeine Quecke *(Elytrigia repens)* und der Weiße Gänsefuß *(Chenopodium album)* bekannte Vertreter. Am Beispiel des Vogelknöterichs ist dies in der Abbildung 28 dargestellt.

Es gibt unter den Unkräutern auch Spezialisten. So waren früher in Sonderkulturen, wie im Lein oder in Serradella, sogenannte Leinunkräuter häufig (Abb. 29). Einige von ihnen, wie der

Abb. 27 Ackerunkräuter als Stickstoffzeiger. a Hühnerhirse *(Echinochloa crus-galli)*, b Vogelmiere *(Stellaria media)*, c Rauhe Gänsedistel *(Sonchus asper)*

57

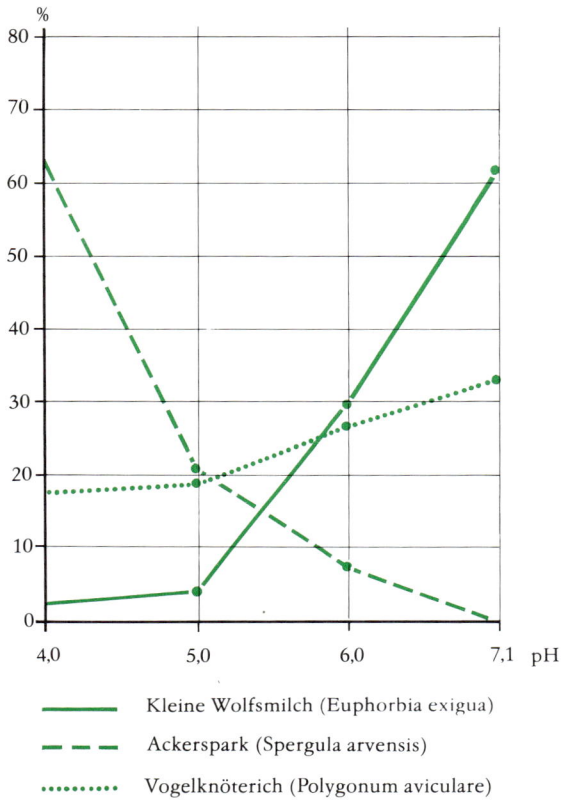

%

Kleine Wolfsmilch (Euphorbia exigua)

Ackerspark (Spergula arvensis)

Vogelknöterich (Polygonum aviculare)

Abb. 28   Verhalten von Ackerunkräutern gegenüber dem pH-Wert des Bodens (verändert nach Mahn)

Leinlolch *(Lolium remotum)* und Gezähnter Leindotter (*Camelina alyssum)* sowie das Flachsleimkraut *(Silene linicola)*, wurden sogar nach ihm benannt. Sie sind durch moderne Saatgutreinigungsverfahren und den Rückgang der Lein- und Serradellakulturen heute außerordentlich selten geworden oder vielfach schon ausgestorben.

Bisher haben wir den Unkrautbegriff nur auf die Arten des eigentlichen Ackerlandes angewendet. Bekanntlich spricht man aber ebenso von Unkräutern, wenn man die »unerwünschten« Wildpflanzen in Gemüse-, Obst- und Weinkulturen unserer Gärten und Weinberge im Auge hat oder entsprechende Wildarten auf Wiesen und Weiden bzw. in Forstkulturen betrachtet. Hinzu

58

Abb. 29   Leinunkräuter. a Leinlolch *(Lolium remontum)*, b Gezähnter Leindotter *(Camelina alyssum)*, c Flachsleimkraut *(Silene linicola)*

kommt, daß vielfach auch die Pflanzen des Wegrandes und der
Schuttplätze als Unkräuter bezeichnet werden. Eingangs hatten
wir schon besprochen, daß im Waldland Mitteleuropa nur wenige
offene Flächen vorhanden waren. Es gab demzufolge noch keine
Standorte größeren Ausmaßes für all die aufgeführten »Unkräuter«, und natürlich fehlten auch Wiesen und Weiden, Forstkulturen, Gärten, Wegränder und Schuttplätze. Alles wurde erst vom
Menschen geschaffen, auch der Begriff Unkraut im weiteren
Sinne.

Die wissenschaftliche Bearbeitung machte es gleichwohl erforderlich, die einzelnen Unkräuter begrifflich näher zu fassen. So
nannte man die Ackerunkräuter Segetalpflanzen und verwendete
diesen Begriff für alle die Arten, die durch die unbeabsichtigte
Mitwirkung des Menschen auf landwirtschaftlichen Nutzflächen
wachsen. Hier sind die Unkräuter anderer Standorte, wie des Gar-
tenlandes sowie der Obst- und Weinanbaugebiete, anzuschließen,
obgleich der Name Segetalpflanze sich vom lateinischen Wort *se-
gés* ableitet, was Saatfeld oder Acker heißt und damit eine engere
Beziehung deutlich macht.

Die Pflanzen der Schuttplätze, Wegränder, Trümmer- und
Müllhalden werden Ruderalpflanzen genannt (Abb. 30). Der
Name für diese im weiteren Sinne als Unkräuter bezeichneten Arten leitet sich vom Plural des lateinischen Wortes *rudus* (Schutt)
ab. Vielen von uns sind solche Ruderalfluren mit ihrer vielgestaltigen Wildflora recht vertraut. Ältere erinnern sich an die ausgedehnten Trümmerfluren zerbombter Städte nach dem zweiten

59

Abb. 30 Ruderalpflanzen. a Schöllkraut *(Chelidonium majus)*, b Rainfarn *(Tanacetum vulgare)*, c Nickende Distel *(Carduus nutans)*, d Windblumenkönigskerze *(Verbascum phomoides)*, e Gemeine Nachtkerze *(Oenothera biennis)*

Weltkrieg; allen sind aber die bunten »Unkrautfluren« noch nicht begrünter Neubaugebiete deutlich vor Augen. Wie an Wegrändern finden sich dort viele stickstoffliebende Pflanzen, u. a. Gänsefuß- und Meldearten *(Chenopodium, Atriplex)*, aber auch Schöllkraut *(Chelidonium majus)*, Gebräuchliche Ochsenzunge *(Anchusa officinalis)*, Rainfarn *(Tanacetum vulgare)*, Nickende Distel *(Carduus nutans)*, Windblumenkönigskerze *(Verbascum phlomoides)* u. a. sowie Gemeine Nachtkerze *(Oenothera biennis)*.

Unkraut im engeren Sinne ist ein Sammelbegriff für unerwünschte Pflanzen in Kulturpflanzengemeinschaften und kann die verschiedensten Kräuter, Gräser und sogar Gehölze einschließen, wenn man Kulturgrünland oder Forstkulturen in die Betrachtung einschließt.

Unkräuter gelten immer dann als störend, wenn sie mit der Kulturpflanze um Standraum, Nährstoffe, Wasser oder Licht konkurrieren. Gerade das ist aber in einem Pflanzenbestand der Fall. Schon die Kulturpflanze allein benötigt an einem gegebenen Standort eine bestimmte Dichte, die durch pflanzenbauliche Maßnahmen bei der Aussaat und späteren Pflege reguliert wird. Bei geringer Dichte steigt der Ertrag mit einer Erhöhung der Individuenzahl zunächst linear an. Die Ertragskurve flacht jedoch bei weiterer Dichtezunahme ab, weil die Einzelpflanzen miteinander um die jeweils wesentlichen ökologischen Faktoren konkurrieren. Man bezeichnet diesen Vorgang bei Individuen einer Art als intraspezifische Konkurrenz. Interspezifische Konkurrenz nennt

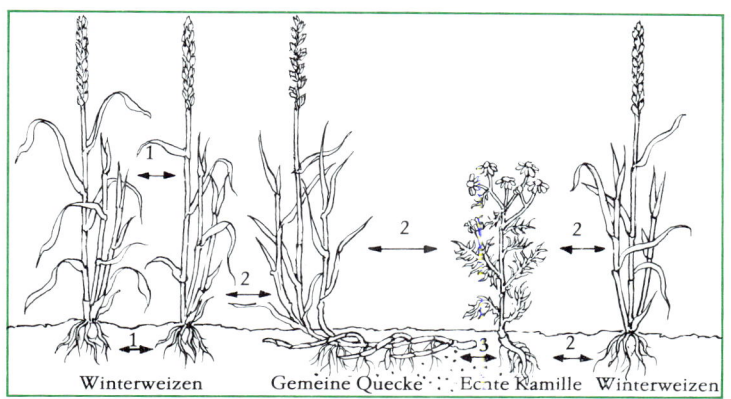

Winterweizen   Gemeine Quecke   Echte Kamille   Winterweizen

1 = Intraspezifische Konkurrenz

2 = Interspezifische Konkurrenz

3 = Allelopathie   ∴ Chemischer Wirkstoff

Abb. 31   Konkurrenz und Allelopathie

man dagegen den Wettbewerb von Individuen verschiedener Arten, also beispielsweise die Konkurrenz zwischen Kulturpflanzen und Unkräutern oder von Unkrautarten untereinander. Die genannten Beziehungen haben im Acker- und Pflanzenbau, aber auch beim Artenschutz von Unkräutern eine große Bedeutung.

Von dem bedeutsamen Phänomen der Konkurrenz ist die Allelopathie zu unterscheiden (Abb. 31). Man versteht darunter die gegenseitige Beeinflussung von Pflanzen durch Ausscheidung chemischer Wirkstoffe aus Rhizomen, Wurzeln, Sprossen oder Früchten in die Umgebung. Die Untersuchungen zu dieser Problematik sind immer noch im Gange, ohne daß bei Unkräutern schon wesentliche Ergebnisse erzielt wurden. Bei der Hirse *(Sorghum halepense)* sind bisher 8 Substanzen nachgewiesen worden, die im Keimtest auf Samen vom Zurückgebogenen Amarant *(Amaranthus retroflexus)* hemmend wirkten. Aus früheren Untersuchungen ist auch bekannt, daß Wurzelausscheidungen der Quecke *(Elytrigia repens)* hemmend auf das Wachstum der Luzerne wirken oder Stoffausscheidungen aus den Blättern von Leindotterarten *(Camelina)* das Wachstum und den Ertrag des Leins beeinträchtigen.

An einem Standort werden sich immer diejenigen Individuen behaupten, die auf Grund ihres Genotyps, d. h. ihrer erblichen Konstitution, besonders gut an die vorherrschenden ökologischen Verhältnisse angepaßt sind. Die ökologische Potenz einer Art ermöglicht es dabei, daß sie mit den standorttypischen Individuen in einem bestimmten Lebensraum vertreten ist. Das können u. a. bestimmte Ökotypen sein.

Alle Organismen vermögen auf Grund ihrer genetischen Möglichkeiten (Potenzen) und den Gegebenheiten der Umwelt (Valenzen) einen bestimmten Lebensraum zu besiedeln. Diese Beziehungen zwischen Organismus und Umwelt bilden in ihrer Gesamtheit die fundamentale Nische eines jeden Individuums, die unter Ausschluß anderer Organismen gewissermaßen seine Existenzgrundlage und Reaktionsbasis darstellt. Die übrigen Organismen des Lebensraumes, die meist als Konkurrenten auftreten, engen diesen zunächst relativ weiten Spielraum zur realen ökologischen Nische ein. Der Begriff ökologische Nische ist also nicht allein räumlich zu verstehen oder gar als Rückzugsraum zu interpretieren. Er ist vielmehr Ausdruck der komplizierten Wechselbeziehungen zwischen Organismus und Umwelt im eben aufgezeigten Sinne.

Jede Art ist in ihrer Konstitution auf einen ganz bestimmten Lebensraum, in dem wichtige ökologische Faktoren, wie Wasser, Nährstoffe, Wärme, Licht und Konkurrenten, in einer bestimmten Kombination wirken, zugeschnitten. Dabei wird die Reaktionsbreite von zwei Extrempunkten der Valenzskala der Umweltfaktoren bestimmt, dem Minimum und dem Maximum. In diesen beiden Pessima ist die Leistung des Organismus auf die wirkenden Umweltfaktoren beim Wert Null. Das Optimum kennzeichnet

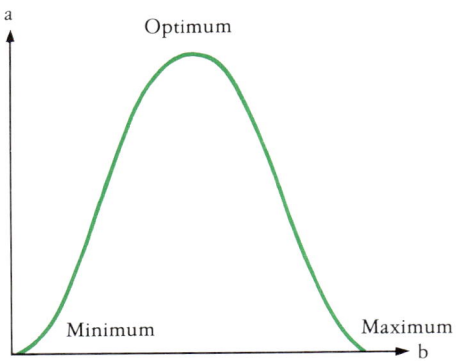

a   Leistung des Organismus

b   Intensität des ökologischen Faktors

Abb. 32   Reaktionsbreite eines Organismus gegenüber der Wirkung eines ökologischen Faktors (verändert nach R. Schubert)

62

hingegen einen Zustand der höchstmöglichen Vitalität, der in der Züchtung bzw. beim Artenschutz anzustreben ist (Abb. 32).

Die Arten zeigen auf der Valenzskala der einzelnen Umweltfaktoren eine unterschiedliche Reaktionsnorm. Ist die Amplitude weit, so wird die Art als eurypotent bezeichnet, ist sie aber eng und vermag somit die entsprechende Art keine große Schwankungsbereiche der Umweltfaktoren zu ertragen, so gilt sie als stenopotent (Abb. 33). Die Namen leiten sich von den griechischen Wörtern *eurys* (weit), *stenos* (eng) und dem lateinischen *potentia* (Kraft, Vermögen) ab. Bei der Stenopotenz unterscheidet man außerdem noch zwischen Oligo-, Meso- und Polystenopotenz, je nachdem, ob die Art im Bereich geringerer oder stärkerer Intensität des zu betrachtenden ökologischen Faktors vorkommt.

Natürlich kann eine Art dem einen ökologischen Faktor gegenüber stenopotent, dem anderen gegenüber aber eurypotent sein. Deshalb wird im speziellen Fall in der Bezeichnung auch immer auf den entsprechenden Umweltfaktor Bezug genommen, und man spricht beispielsweise von stenothermen und eurythermen Arten, wenn sie hinsichtlich der Temperatur in einem engen oder weiten Bereich leben können. Wir hatten z. B. Ackerunkräuter kennengelernt, die bezüglich der Keimungstemperatur hohe Ansprüche stellen und demzufolge als stenotherme Arten gelten.

Stenöke Arten werden zur Kennzeichnung von Pflanzengesellschaften als sogenannte Charakterarten verwendet und haben auch in der Unkrautökologie zur Charakterisierung der Ackerun-

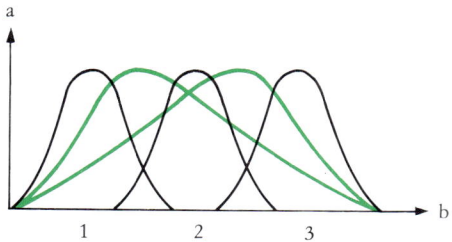

a   Leistung des Organismus

b   Toleranzbereich

—————   Eurypotenz

—————   Stenopotenz

(1 = oligo-, 2 = meso-, 3 = polypotent)

Abb. 33   Ökologische Potenz von Organismen (verändert nach H. J. Müller)

63

krautgesellschaften breite Anwendung gefunden. Euryöke Arten gelten dagegen als Begleiter mit indifferenten Verhalten.

Unkräuter konkurrieren mit der Kulturpflanze um die verschiedensten Wachstumsfaktoren, werden aber auch von einer dicht schließenden Kulturart wie dem Roggen stärker unterdrückt. Hier gerät dann der Lichtfaktor für ein optimales Gedeihen der Wildpflanze ins Minimum, was aber durch Halmverkürzungsmittel in neuerer Zeit vielfach wieder aufgehoben wird.

Am bedeutendsten ist aber sicher die Nährstoffkonkurrenz vieler Unkräuter, wobei nicht nur die Höhe des Nährstoffentzugs, sondern auch der Zeitpunkt der größten Konkurrenzwirkung beachtet werden muß. So entwickelt sich der Efeuehrenpreis *(Veronica hederifolia)* als Herbstkeimer meist schneller als das Wintergetreide und kann auf diese Art und Weise besonders in jungen Winterweizenkulturen zum Konkurrenten werden. Eine Bekämpfung ist deshalb nur zu einem frühen Zeitpunkt seiner Entwicklung sinnvoll, da er bereits im späten Frühjahr abstirbt. Diese zum Teil schwierigen Fragen, die einerseits die Biologie der Art, andererseits aber ökonomische Zwänge berühren, sollen in einem der nächsten Kapitel eingehender betrachtet werden.

Wir sind hier sehr ausführlich auf die Frage der Konkurrenz eingegangen. Sie stellt in der Ökologie ein außerordentlich wichtiges Phänomen dar. Es reicht im allgemeinen nicht, daß nur die Wirkung eines einzelnen Umweltfaktors auf die Einzelpflanze untersucht wird. In der Natur haben wir es immer mit mehreren und oft verschiedenartig reagierenden Organismen zu tun, die im gleichen Lebensraum ihre Ansprüche an mindestens eine Umweltkomponente geltend machen. Stehen zwei oder mehrere Arten um den gleichen Umweltfaktor im Wettbewerb, dann können auf längere Zeit nur eine oder wenige Arten verbleiben, wenn das Ausmaß der Umweltrelevanz, die sogenannte Lizenz, begrenzt ist. Gerade in diesen Mechanismus greift aber der Mensch mit seinen agrochemischen und agrotechnischen Maßnahmen ständig ein und verursacht oft eine vorher nicht immer überschaubare Veränderung der Konkurrenzverhältnisse.

Umweltkontrolle mit Unkräutern und Unkrautgesellschaften

Umweltkontrolle ist heute in aller Munde, und viele denken sogleich an chemische Meßverfahren, die im Labor oder Gelände mit mehr oder weniger großem apparativen Aufwand durchgeführt werden. Diese als chemische Indikation zu bezeichnende Erfassung von Umweltzuständen hat bei der exakten aktuellen

Beschreibung von ökologischen Sachverhalten eine große Bedeutung. Die Methode versagt jedoch oder muß durch langzeitige Meßreihen ergänzt werden, wenn längerfristige Trends in der Vegetationsentwicklung oder Umweltbelastung bzw. ein komplexer ökologischer Vorgang aufgezeigt werden sollen. Für solche Fälle eignet sich die Methode der Bioindikation, mit der anhand von Organismen oder Organismengemeinschaften die Wirkung von anthropogenen oder natürlichen Umweltfaktoren dargelegt werden kann.

Bioindikation kann auf verschiedenen Organisationsstufen des organischen Lebens erfolgen. Es eignen sich je nach Gegenstand der Untersuchungen sowohl Makromoleküle, Zellen und Organe als auch Organismen und Organismengemeinschaften. Letztere stellen biologische Systeme höherer Ordnung dar und geben uns in der Regel eine umfassende Antwort auf einwirkende ökologische Faktoren. Soweit diese in zu hoher oder zu niedriger Intensität auftreten, wirken sie auf den Bioindikator als Stressor und verursachen irgendeine registrierbare biologische Wirkung. Im Falle der Organismengemeinschaft oder Biozönose äußert sich das in Strukturveränderungen, d. h. im Hervortreten oder Ausfall bestimmter Arten oder ganzer Artengruppen. Die weitgefaßte Definition des Begriffes Bioindikation schließt die Erfassung natürlicher Standortverhältnisse und ökologischer Gegebenheiten mit ein. Deshalb können Bioindikatoren mit Erfolg in der Land- und Forstwirtschaft eingesetzt werden. Sie sind hier vor allem als sogenannte sensitive Bioindikatoren bekannt, d.h. als Organismen, die auf Veränderungen der Umweltverhältnisse mit Änderungen ihrer Lebensfunktion reagieren. Erwähnt seien bestimmte Flechten, unter ihnen *Hypogymnia physodes*, die eine mittlere Empfindlichkeit gegenüber Schwefeldioxid und anderen Luftschadstoffen haben. Sie werden mit der Borkenunterlage auf Holztafeln transplantiert und im Untersuchungsgebiet in 1,50 m Höhe exponiert. Der jeweilige physiologische Zustand der Flechten kann dann zumeist über Analysen des Chlorophyllgehalts, enzymatische Tests und Bestimmung der Nettophotosyntheserate ermittelt werden. Daneben kennt man akkumulative Bioindikatoren, die Umweltschadstoffe ohne kurzfristig erkennbare Schädigung anreichern. Ein solcher vielerorts verwendeter Indikator ist das Welsche Weidelgras *(Lolium multiflorum)*. Mit standardisierten Kulturen dieses Grases können u. a. Schadstoffimmissionen von Blei, Cadmium und Quecksilber bestimmt werden, und es läßt sich auf die Gefährdung der Organismen am Standort schließen.

Die Beurteilung von Standortverhältnissen wird heute meist mit Artengruppen oder Pflanzengesellschaften vorgenommen. Früher maß man der einzelnen Art noch mehr Bedeutung bei;

man sprach deshalb auch von Zeigerarten und verstand darunter letztlich sensitive Bioindikatoren, obgleich dieser Begriff in damaliger Zeit noch nicht geläufig war. Es zeigte sich jedoch, daß es kaum Vertreter gibt, die nur an einem bestimmten Standort vorkommen. Es lassen sich immer Gruppen von Arten finden, die eine ähnliche ökologische Konstitution haben und in der Natur miteinander vergesellschaftet auftreten. Sie haben ihren Verbreitungsschwerpunkt in bestimmten Vegetationseinheiten, weshalb man auch von ökologisch-soziologischen Artengruppen spricht.

Die meisten Vertreter dieser Gruppen sind auf ihr Verhalten gegenüber verschiedenen Bodenfaktoren eingehend untersucht worden, so daß sie für eine Charakterisierung der Standorte gut zu gebrauchen sind. Sie gelten damit als Bioindikatoren, und sind auf bestimmte Basen-, Humus- und Nährstoffverhältnisse bzw. auf einen entsprechenden Feinerdeanteil des Bodens geeicht. In Abbildung 28 wurde bereits auf die ökologische Reaktion von Unkräutern in bezug auf den pH-Wert des Bodens verwiesen. Es ist zu ersehen, daß der Vogelknöterich *(Polygonum aviculare)* gegenüber diesem Faktor indifferent ist, währenddessen die Kleine Wolfsmilch *(Euphorbia exigua)* und der Ackerspark *(Spergula arvensis)* gegensätzlich reagieren. Sie besiedeln bevorzugt basenreichere bzw. basenärmere Standorte. Alle drei Arten gehören verschiedenen ökologisch-soziologischen Artengruppen an. Die Vertreter einer solchen Gruppe haben eine ähnliche ökologische Potenz und kommen auf den Äckern in Vergesellschaftung vor. Stellvertretend für mehr als 30 Artengruppen seien hier nur einige angeführt (verändert nach Hilbig und Voigtländer):

Euphorbia exigua – Gruppe
Arten auf karbonathaltigen Böden; auf schwach saure Lehm- und Tonböden übergreifend

Euphorbia exigua	Kleine Wolfsmilch
Lathyrus tuberosus	Knollenplatterbse
Neslia paniculata	Finkensame
Galium spurium	Kleinfrüchtiges Klettenlabkraut
Kickxia elatine	Echtes Tännelkraut

Scleranthus annuus – Gruppe
Arten auf sauren bis stark sauren Böden; häufig auf Diluvialstandorten

Scleranthus annuus	Einjähriges Knäuel
Spergula arvensis	Ackerspark
Rumex acetosella	Kleiner Sauerampfer
Erodium cicutarium	Gemeiner Reiherschnabel
Trifolium arvense	Hasenklee

Polygonum convolvulus – Gruppe
Indifferente Arten mit weiter Verbreitung auf Ackerstandorten

Fallopia convolvulus   Gemeiner Windenknöterich
Polygonum aviculare   Vogelknöterich
Viola arvensis   Feldstiefmütterchen
Elytrigia repens   Gemeine Quecke
Chenopodium album   Weißer Gänsefuß

In Tabelle 7 sind charakteristische Vertreter weiterer Artengruppen aufgeführt. Im Fall der Venuskamm-Gesellschaft (Caucalido-Scandicetum) handelt es sich um Arten der *Caucalis platycarpos*-Gruppe mit der namengebenden Ackerhaftdolde *(Caucalis platycarpos)*, dem Venuskamm *(Scandix pecten-veneris)* und dem Blauen Gauchheil *(Anagallis foemina)*, die alle ihren Verbreitungsschwerpunkt auf flachgründigen, trocken-warmen Karbonatgesteinsböden haben, wie sie im Thüringer Muschelkalkgebiet auf hängigen Lagen anzutreffen sind.

Schon die Arten der Sommeradonisröschen-Gesellschaft (Galio-Adonidetum) mit Vertretern der *Adonis aestivalis* – Gruppe (Dreihörniges Labkraut – *Galium tricornutum*, Sommeradonisröschen – *Adonis aestivalis*, Vaillants Erdrauch – *Fumaria vaillantii* u. a.) unterscheiden sich in ihren Standortansprüchen. Sie bevorzugen weniger flachgründige, tonige Karbonatgesteinsböden und meiden die steilen Hanglagen.

Die im folgenden aufgeführten Vertreter der Lichtnelken-Gesellschaft (Euphorbio-Melandrietum) gehören der *Euphorbia exigua*- und *Silene noctiflora* – Gruppe an. Letztere ist in Tabelle 7 durch Ackerlichtnelke *(Silene noctiflora)* und Feldrittersporn *(Consolida regalis)* repräsentiert. Das Einjährige Bingelkraut *(Mercurialis annua)* wird zur *Euphorbia peplus* – Gruppe gerechnet, deren Arten wie die namengebende Gartenwolfsmilch *(Euphorbia peplus)* stickstoffreiche, warme Standorte mit guter Bodengare besiedeln. Die charakteristischen Unkräuter der Lichtnelken-Gesellschaft wachsen ebenfalls auf karbonathaltigen Böden, können aber schon auf schwach bis mäßig saure Lehm- und Tonäcker übergreifen, wie sie für Teile der Magdeburger Börde und des Thüringer Beckens typisch sind.

Schwach bis mäßig saure Standorte genügen den Arten der Kamillen-Gesellschaft (Aphano-Matricarietum). Die hier genannten Unkräuter der *Aphanes arvensis* – Gruppe mit dem Gemeinen Akkerfrauenmantel *(Aphanes arvensis)*, der Echten Kamille *(Chamomilla recutita)* und dem Feldehrenpreis *(Veronica arvensis)* kommen vor allem in Diluviallandschaften, im Sächsischen Löß-Lehm-Hügelland und in niedrigen Mittelgebirgslagen vor. Das Kleinblütige

Tabelle 7:
Landwirtschaftlich und ökologisch bedeutsame Ackerunkrautgesellschaften und ihre charakteristischen Arten

Gesellschaft	Venuskamm-Ges. (Caucalido-Scandicetum)	Sommeradonis-röschen-Ges. Galio-Adoni-detum)	Lichtnelken-Ges. (Euphorbio-Melandrietum)	Kamillen-Ges. (Aphano-Matricarietum)	Lämmersalat-Ges. (Teesdalio-Arnoseridetum)
Basensättigung	hoch ←				→ niedrig
Wichtige Verbreitungsgebiete	Thüringer Muschelkalk, Südkyffhäuser	Karbonatge-steinsböden Thüringens	Magdeburger Börde, Thürin-ger Becken	Diluvialstandorte, Sächsisches Löß-Lehm-Hügelland, niedrige Mittelgebirgslagen	
Charakteristische Arten der Winterungs- und **Sommerungskulturen**	Ackerhaftdolde, Venuskamm, Ackerkohl, **Blauer Gauch-heil**	Dreihörniges Labkraut, Som-meradonisrös-chen, **Vaillants Erdrauch**	Kleine Wolfs-milch, Ackerlicht-nelke, Feldritter-sporn, **Einjähriges Bingelkraut**	Gemeiner Acker-frauenmantel, Echte Kamille, Feldehrenpreis, **Kleinblütiges Franzosenkraut**	Lämmersalat, Grannenruchgras, Bauernsenf, **Kahle Finger-hirse**

Franzosenkraut *(Galinsoga parviflora)* ist für Sommerungskulturen typisch.

Die charakteristischen Arten der Lämmersalat-Gesellschaft (Teesdalio-Arnoseridetum) entstammen in erster Linie der *Arnoseris minima* – und *Digitaria ischaemum* – Gruppe. Lämmersalat *(Arnoseris minima)*, Bauernsenf *(Teesdalia nudicaulis)* und Grannenruchgras *(Anthoxanthum aristatum)* besiedeln dabei bevorzugt die Winterungskulturen, besonders Roggenfelder, währenddessen Kahle Fingerhirse *(Digitaria ischaemum)*, Fuchsrote Borstenhirse *(Setaria pumila)* u. a. hauptsächlich auf Hackfruchtäckern vorkommen. Insgesamt sind die Standorte der Lämmersalat-Gesellschaft außerordentlich arm an Basen, Humus und Nährstoffen. Der Schwerpunkt ihrer Verbreitung befindet sich auf Sandern und Talsanden der Diluvialgebiete.

Ökologisch-soziologische Artengruppen sind also Bausteine der Unkrautvegetation, die bestimmte Standorteigenschaften anzeigen und stets in gleicher oder ähnlicher Weise auftreten. Man kann daher von einer speziellen pflanzensoziologischen Bindung der Arten sprechen und die auf diese Art immer wiederkehrenden Gruppierungen als Pflanzengemeinschaften oder Pflanzengesellschaften bezeichnen. Nach der Definition ist es umweltabhängige Kombinationen von Pflanzenindividuen und -arten, die miteinander um wesentliche Faktoren des Standorts, wie um Standraum, Wasser oder Nährstoffe, im Wettbewerb stehen.

Unkrautgesellschaften spiegeln ein ganzes Wirkungsgefüge von ökologischen Faktoren wider, von denen in Abbildung 34 nur einige wesentliche Größen dargestellt sind. Dabei ergeben sich auch viele augenfällige Rückkopplungen. So wird das Klima der bodennahen Luftschicht sehr wesentlich durch Unkrautbewuchs verbessert, wodurch Bodenfeuchtigkeit und Bodengare günstig beeinflußt werden. Die abgestorbene Biomasse der Unkräuter

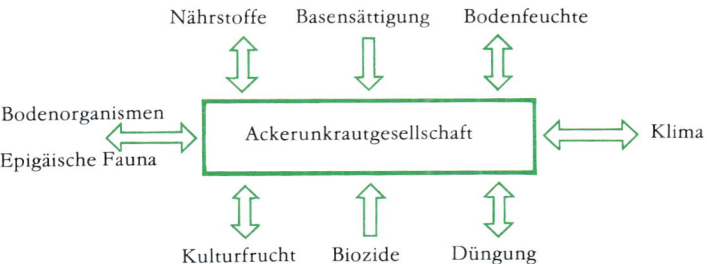

Abb. 34 Wirkungsgefüge von ökologischen Faktoren im Bereich einer Ackerunkrautgesellschaft

trägt des weiteren zur Erhöhung des Humusanteils im Boden bei, was wiederum die kontinuierliche Wasser- und Nährstoffversorgung der Kulturfrucht fördert. Es darf nicht vergessen werden, daß Unkrautgesellschaften in einem sehr engen Wechselverhältnis zur Lebewelt des Bodens und zu tierischen Organismen stehen. Pflanzengemeinschaften sind ja allein überhaupt nicht lebensfähig. Sie benötigen die Tiere als Bestäuber und Verbreiter ihrer Diasporen. Andererseits sind Pflanzen Habitat – also Wohnort bzw. Lebensgrundlage – für viele Tiere.

In zahlreichen wissenschaftlich-technisch entwickelten Ländern ist in den letzten Jahrzehnten eine gute Übersicht über die Struktur und Verbreitung von Ackerunkrautgesellschaften erarbeitet worden. Wenngleich auch viele Glieder dieser sogenannten Segetalassoziationen durch landwirtschaftliche Intensivierungsmaßnahmen ausgefallen sind, eignen sie sich auch heute noch zur Bioindikation. Aus Tabelle 8 ist zu ersehen, wie einzelne Artengruppen der Unkrautgemeinschaft, im vorliegenden Fall ist es eine besondere Rasse der Kamillen-Gesellschaft (Aphano-Matricarietum), von der Wirkung ökologischer Faktoren abhängen bzw. wie die Gesellschaft vom gesamten Komplex dieser Faktoren geprägt wird. Es läßt sich erkennen, daß schon das Klima des zu betrachtenden Gebietes zu unterschiedlichen Ausprägungen führt. Die Rasse der Sophienrauke *(Descurainia sophia)* bevorzugt das trockene kontinentale Gebiet Mitteleuropas, wohingegen die der Echten Kamille *(Chamomilla recutita)* die niederschlagsreicheren, wärmegetönten Hügelländer, also die kollinen Bereiche, besiedelt. Die Rasse des Stechenden Hohlzahns *(Galeopsis tetrahit)* schließlich ist in ihrem Vorkommen an ein kühleres, niederschlagsreiches Klima der unteren Gebirgslagen gebunden. Somit ergibt sich allein durch diese Artengruppen eine deutliche geographisch-ökologische Bindung, die für pflanzengeographische Gebietsgliederungen von großer Wichtigkeit ist.

Bleiben wir bei der erstgenannten Rasse und sehen wir uns an, wie Bodenart und Basensättigung die Struktur der Gesellschaft prägen. So können wir feststellen, daß es zur Herausbildung mehrerer Untergesellschaften im Gebiet kommt. Neben einer nur schwach ausgebildeten typischen Untergesellschaft oder Subassoziation ohne eigene trennende Arten erkennt man eine Untergesellschaft der Ackerlichtnelke *(Silene noctiflora)* mit weiteren Vertretern basenreicher Äcker. Auf den basenärmeren Böden siedelt dagegen eine Subassoziation des Ackersparks *(Spergula arvensis)*, die weiterhin durch das Vorkommen des Kleinen Sauerampfers *(Rumex acetosella)* und Einjährigen Knäuls *(Scleranthus annuus)* gekennzeichnet ist.

Die Gesellschaft wird darüber hinaus durch Varianten geglie-

Tabelle 8:
Gliederung der Kamillengesellschaft (Aphano-Matricarietum) und Beziehungen zum Standort

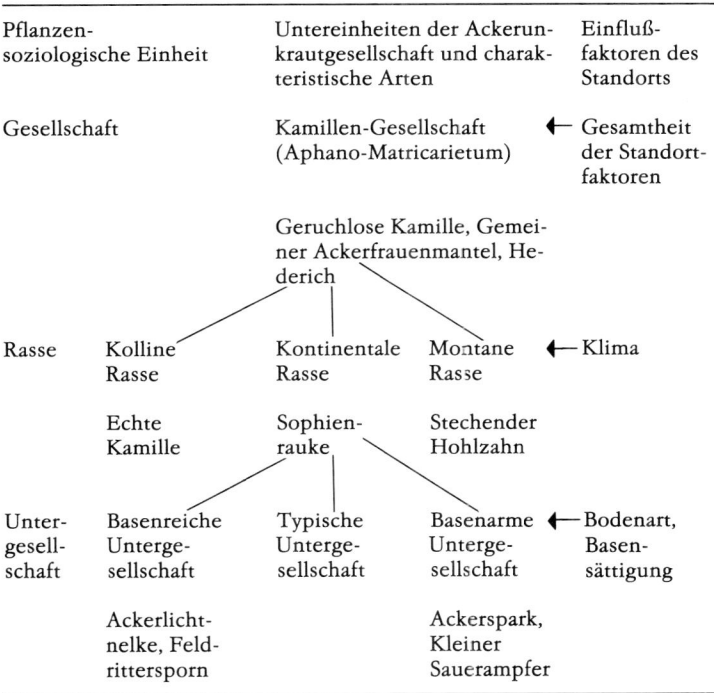

Pflanzensoziologische Einheit		Untereinheiten der Ackerunkrautgesellschaft und charakteristische Arten			Einflußfaktoren des Standorts
Gesellschaft		Kamillen-Gesellschaft (Aphano-Matricarietum)			← Gesamtheit der Standortfaktoren
		Geruchlose Kamille, Gemeiner Ackerfrauenmantel, Hederich			
Rasse	Kolline Rasse	Kontinentale Rasse	Montane Rasse		← Klima
	Echte Kamille	Sophienrauke	Stechender Hohlzahn		
Untergesellschaft	Basenreiche Untergesellschaft	Typische Untergesellschaft	Basenarme Untergesellschaft		← Bodenart, Basensättigung
	Ackerlichtnelke, Feldrittersporn		Ackerspark, Kleiner Sauerampfer		

dert. Neben einer typischen Form kommt es zur Ausbildung einer Variante der Ackerminze *(Mentha arvensis)*, die vernäßte, bodenfeuchte Teile der Äcker charakterisiert.

Schließlich sei auf die Untergliederung der Kamillen-Gesellschaft in Subvarianten verwiesen, die durch Krumenfeuchtigkeitszeiger gekennzeichnet werden. Arten, die solche oberflächlichen Vernässungen von Äckern charakterisieren, sind u. a. das Sumpfruhrkraut *(Gnaphalium uliginosum)* und die Krötenbinse *(Juncus bufonius)*.

So wird eine Unkrautgesellschaft von einer Vielzahl ökologischer Faktoren geprägt, die insgesamt ihr strukturelles Bild beeinflussen. Andererseits läßt sich mit ihrer Hilfe auf entsprechende Standorte schließen.

Jede Unkrautgesellschaft wird durch eine diagnostisch wichtige Artengruppe gekennzeichnet, mit der eine schnelle Ansprache im

71

Gebiet möglich ist. Im Fall der hier besprochenen Segetalassoziation wird diese Gruppe u. a. durch die Geruchlose Kamille *(Matricaria maritima)*, den Gemeinen Ackerfrauenmantel *(Aphanes arvensis)* und den Hederich *(Raphanus raphanistrum)* repräsentiert.

Die Kamillen-Gesellschaft (Aphano-Matricarietum) ist eine der am weitesten verbreiteten Ackerunkrautgesellschaften Mitteleuropas. Sie kommt sowohl in den Hügel- und Gebirgslagen als auch im Flachland vor. Man findet sie dort auf mäßig sauren lehmigen Böden mittleren Nährstoffgehalts, die sich für den Anbau anspruchsvoller Kulturpflanzen eignen, wobei die Äcker einer tiefgreifenden und umfassenden Intensivierung unterliegen. Infolgedessen gehen stärkere Umschichtungen in der Unkrautvegetation vor sich, die sich u. a. in der Verarmung an charakteristischen Arten und der Zunahme stickstoffliebender Vertreter bemerkbar machen. Die Art und der Umfang dieser Veränderungen sind sehr vielgestaltig. Sie sollen deshalb in einem gesonderten Kapitel behandelt werden.

Kampf dem Unkraut

Unerwünscht und deshalb bekämpft

Ob Unkraut unerwünscht ist oder man ihm den Kampf ansagen muß, möglicherweise sogar unter Einsatz von Herbiziden, darüber gibt es unterschiedliche Meinungen. Entstammt aber die Forderung nach Bekämpfung des Unkrauts nicht einer zurückliegenden, bereits überwundenen Zeit, als man in der chemischen Bekämpfung das Allheilmittel zu erkennen glaubte? Bei allem Verständnis für die Natur und naturnahe Landschaft ist es geboten, Vernunft und Realismus zu bewahren. 6 Milliarden Menschen werden um die Jahrtausendwende auf unserer Erde leben, und allzu düster scheint die Prognose. Die Welternährungsorganisation (FAO) spricht davon, daß die Zahl der Hungernden von heute 500 Millionen möglicherweise auf 750 Millionen ansteigt. Das ist eine unglaubliche Zahl, die für alle Wissenschaftler und politisch verantwortlichen Kräfte eine Herausforderung bedeuten muß. Und doch ist vieles hoffnungsvoll. So hat Indien in der Zeit von 1964 bis 1984 seine Getreideproduktion vervierfacht, und in entwickelten Ländern sind mit ertragreichen Weizensorten Rekordernten von 80 dt/ha erzielt worden. Ähnliches gilt für andere Kulturfrüchte, ein Zeichen dafür, daß durch Intensivierung der landwirtschaftlichen Produktion viel erreicht werden kann. Das alles vermag aber letztlich nicht zu befriedigen, denn in den Entwicklungsländern, wo die meisten Menschen leben und etwa zwei Drittel der landwirtschaftlichen Kulturflächen liegen, werden im Durchschnitt nur 25 bis 50 % der in Europa und Nordamerika erzielten Erträge geerntet.

Bedenklich müssen auch die Ertragseinbußen stimmen, die immer noch ein weltweites Problem darstellen. Allein 20 % gehen nach der Ernte auf dem Transport oder bei der Lagerung durch Nagetiere, Insekten oder Schimmelpilze verloren. Manche Insekten, wie Reiskäfer *(Sitophylus oryzae)*, Maiskäfer *(Sitophylus zeamais)* oder Kornkäfer *(Sitophylus granarius)*, sind sogar auf Vorratslager und bestimmte Kornarten »spezialisiert«.

Groß ist die Zahl der Schädlinge, Krankheitserreger und Unkräuter, die die Felderträge einschränken. Etwa 7 500 Schadinsekten sind bekannt, dazu eine große Anzahl pflanzenparasitärer Nematoden und Milben sowie eine Fülle von Krankheitserregern, darunter Viren, Bakterien und Pilze. Gemeinsam mit den Unkräutern rufen sie Ertragsverluste von etwa 35 % hervor.

Über die Ertragsbeeinflussung durch die Unkräuter gibt es unterschiedliche Einschätzungen. Im Weltmaßstab wird mit einem Schaden von etwa 12 % gerechnet; das wäre ein Drittel des Gesamtverlustes. Die Zahl schwankt natürlich in den einzelnen Regionen und kann in Ländern mit schwach entwickelter Landwirtschaft 25, in Extremfällen bis zu 60 % betragen. Für die meisten Entwicklungsländer in den Tropen und Subtropen stellt deshalb die starke Verunkrautung der Kulturen einen wesentlichen ertrags- und produktionsbegrenzenden Faktor dar. Im Gegensatz zu den gemäßigten Klimazonen ist in den Tropen die Arten- und Individuenzahl (Abundanz) der Unkräuter wesentlich höher. Aber selbst bei geringen Abundanzen treten durch die zumeist starke Biomassebildung erhebliche Ertragseinbußen auf.

Unter den tropischen Pflanzen gibt es eine Reihe von Arten, darunter Unkrauthirsen der Gattungen *Panicum* und *Sorghum*, die zu den photosynthetisch effektiveren C_4-Pflanzen gehören. Sie zeichnen sich gegenüber den C_3-Pflanzen, denen die Mehrzahl der Arten angehört, unter für sie günstigen Bedingungen durch größere Produktivität, höhere Wachstumsgeschwindigkeit und geringeren Wasserverbrauch aus. Sie haben in den Tropen und Subtropen ökologische Vorteile, weil sie das feuchte, strahlungsintensive Klima besser nutzen können.

Erhebliche Ertragsminderungen durch starke Verunkrautung sind aus der Landwirtschaft arider Gebiete bekannt. Im Bewässerungsfeldbau Mitteliraks wurden bei so wichtigen Kulturen, wie Weizen, Gerste, Baumwolle, Mais, Kartoffeln und Zwiebeln, Verluste von 30 bis 50 % beschrieben. Die Diasporen zahlreicher Unkräuter und Wildgräser beeinträchtigen zudem die Qualität und den Handelswert der Ernteprodukte, so daß sich noch zusätzlich wirtschaftliche Einbußen ergeben. Erinnern wir uns doch an manches Linsengericht, das mit Wildhaferspelzen verunreinigt war. Besondere Probleme ergaben sich in vielen Regionen durch Hochwasserfluten. Dabei werden viele Unkrautsamen mit dem Wasser in Gebiete verbreitet, in denen sie bislang nicht vorkamen oder unbedeutend waren. Auf den überschwemmten Flächen keimen sie in großen Mengen und unterdrücken die vom Hochwasser geschädigten Kulturpflanzen.

In den Tropen und Subtropen sind auch heute noch Handhacke und Hakenpflug die wichtigsten Arbeitsgeräte der Bauern. Diese einfache mechanische Bodenbearbeitung und Unkrautbekämpfung verlangt einen hohen Aufwand an Arbeitszeit und -kraft, der von vielen Bauern nicht mehr zu erbringen ist. Immerhin ließe sich nach Empfehlungen des Instituts für landwirtschaftliche Forschung in Äthiopien durch traditionelle mechanische Unkrautbekämpfung der Kornertrag im Maisanbau um fast 400 % steigern. Aber man ist heute noch weit davon entfernt, derartige Ertragserhöhungen für größere Gebiete ins Auge fassen zu können. Fortschreitende Bildung der Bevölkerung und weitsichtige uneigennützige Entwicklungshilfe durch die Industrieländer sind die einzige Gewähr dafür, daß Hunger und Rückständigkeit in den Entwicklungsländern überwunden werden.

Vorrangig in warmen Klimazonen wird der Bewässerung als einer wesentlichen Intensivierungsmaßnahme auch in Zukunft ein hoher Stellenwert zukommen. Die schon vielerorts großflächig durchgeführten Projekte sind jedoch nicht ohne Probleme geblieben, da in Trockengebieten nicht in ausreichendem Maße Süßwasser zur Verfügung steht. Zu geringe Wassergaben aber führen zu einer mangelhaften Drainage des Untergrunds und bewirken eine Versalzung des Bodens, da die gelösten Minerale nach Verdunstung des Wassers an der Oberfläche angereichert werden.

Auch in Europa wird der Bewässerung von landwirtschaftlichen Kulturen große Aufmerksamkeit geschenkt. Man erhofft sich davon besonders auf leichten Böden Ertragssteigerungen. Wie es jedoch in einem Ökosystem nicht anders zu erwarten ist, profitieren von der Beregnung auch die Unkräuter. Mehrerträge lassen sich somit nur erzielen, wenn gleichzeitig eine verstärkte Unkrautbekämpfung erfolgt. Durch die Beregnung wird im Kulturpflanzenbestand ein günstiges Mikroklima geschaffen, von dem die Unkräuter umsomehr profitieren, je wasserbedürftiger der Standort ist. Auf trockenen Kalkstandorten nahm im Winterweizen nach Beregnung der Deckungsgrad des gefürchteten Klettenlabkrautes *(Galium aparine)* um fast 50 % zu. Im Winterroggen kam es sogar zum vermehrten Auftreten des Feldstiefmütterchens *(Viola arvensis)* und des Einjährigen Rispengrases *(Poa annua)*, die sonst von der Kulturfrucht unterdrückt werden. Langsam wachsende Rübenbestände, die überdies durch längere Trockenperioden häufig unter Wassermangel leiden, werden dagegen durch Beregnung günstig beeinflußt. Sie bilden schneller und reichlicher Blätter aus und werden dadurch in ihrer Konkurrenzkraft gegenüber den Unkräutern gefördert.

In den entwickelten Industriestaaten ist die Landwirtschaft in den letzten beiden Jahrzehnten durch eine Vielzahl agrotechnischer und agrochemischer Intensivierungsmaßnahmen geprägt worden. Mähdrusch, Vorverlegung der Saatzeit, Anbau ertragreicher Kulturpflanzen, umfassender Herbizideinsatz, verstärkte Mineraldüngung, Beregnung und Großflächenbewirtschaftung kennzeichnen in vielen Ländern den Charakter des modernen Acker- und Pflanzenbaus. Und trotzdem sind die Probleme nicht geringer geworden. Schwer bekämpfbare Unkräuter, teilweise sogar herbizidresistente Sippen haben an Umfang zugenommen und führen immer noch zu einem Ertragsverlust von mindestens 5 %. Die Erwartungen an den Herbizideinsatz waren sicher zu hoch und haben sich nur teilweise erfüllt, obwohl in den letzten Jahren eine nahezu hundertprozentige Behandlung der Getreideflächen erfolgte und in Gemüse- und Zuckerrübenkulturen der Einsatz sogar bei 150 und 200 % lag, d. h., jedes Feld wurde mindestens einmal, stark verunkrautete Felder sogar mehrmals gespritzt.

Die Schadwirkung der Unkräuter ist unterschiedlich. Mit den Kulturpflanzen konkurrieren sie um Nährstoffe, Wasser und Licht. Dabei gibt es Kulturen, die ihrerseits außerordentlich konkurrenzstark sind und dem Unkraut wenig Entwicklungsmöglichkeiten lassen. So ist der Winterroggen nur schwach gefährdet, weil er sich schnell entwickelt und dichte Bestände bildet. Auch die übrigen Getreidearten sind bei guter Bestandsentwicklung ziemlich konkurrenzstark, bedürfen aber zur Sicherung optimaler Erträge bereits der gezielten Unkrautbekämpfung. Unkrautunterdrückend ist auch die Kartoffel. Nach den ersten Pflegemaßnahmen, die in der Regel bei einer Wuchshöhe von 10 bis 15 cm abgeschlossen sind, bildet sie sehr schnell ein dichtes Sproßsystem, das den Unkräutern nur wenig Entwicklungschancen läßt. Empfindlicher sind dagegen Mais und Rüben. Beide Kulturpflanzen haben eine langsame Jugendentwicklung und werden in den gemäßigten Klimazonen allzuoft durch kalte und trockene Witterungsperioden im Frühjahr beeinträchtigt. So ist Mais- und Rübenanbau ohne Unkrautbekämpfung praktisch unmöglich, weil im Extremfall mit hohen Ertragseinbußen bis etwa 80 % zu rechnen ist. Ähnlich konkurrenzschwach sind auch verschiedene Gemüsekulturen, wie Zwiebeln, Möhren, Kohlrabi und Weißkohl, die unbedingt der Pflege des Menschen bedürfen, sei es durch Hacken oder andere Arten der Unkrautbekämpfung.

Die einzelnen Unkrautarten haben eine recht unterschiedliche Konkurrenzkraft. Hederich *(Raphanus raphanistrum)*, Ackersenf *(Sinapis arvensis)*, Ackerfuchsschwanz *(Alopecurus myosuroides)*, Gemeiner Windhalm *(Apera spica-venti)* und Flughafer *(Avena fatua)* sind sehr konkurrenzstark und entziehen dem Boden etwa ebensoviel Wasser und Nährstoffe wie das Getreide. Die Konkurrenz beginnt zudem schon sehr frühzeitig, beim Getreide vor der Bestok-kung, so daß der Kulturpflanze weiterhin noch Schäden durch eingeschränkten Standraum und mangelndes Licht entstehen. Bei anderen Unkräutern wie dem Klettenlabkraut *(Galium aparine)* ist die Konkurrenzwirkung durch Wasser- und Nährstoffentzug geringer. Sie bedürfen aber der Einschränkung, weil sie am Getreidehalm emporwachsen, zu Lagerschäden führen und schließlich den Mähdrusch stark behindern.

Entsprechend der unterschiedlichen Verbreitung der Unkräuter treten in den einzelnen Ländern und Regionen spezielle Probleme auf. In den Tropen und Subtropen gelten Hundszahn *(Cynodon dactylon)*, Sudangras oder Sorghumhirse *(Sorghum halepense)*, Zypergras *(Cyperus rotundus)*, Amarant *(Amaranthus spinosus)* und andere Arten als gefährliche Konkurrenten der dort angebauten Kulturpflanzen. Hundszahn und Sudangras wurden in den letzten Jahren sogar sehr gefördert, weil man mit Einsatz der Scheibenegge anstelle des Grubbers die Rhizome zerstückelt hat, wodurch die Verbreitung ganz erheblich begünstigt wurde.

Berüchtigt ist auch das massenhafte Auftreten der Wasserhyazinthe *(Eichhornia crassipes)* in den Bewässerungskulturen der Tropen und Subtropen. Nicht selten führte die starke Ausbreitung zur Verstopfung der Bewässerungskanäle und Pumpanlagen sowie zur Beeinträchtigung der Schiffahrt.

Besonders hartnäckig erweisen sich viele eingeschleppte Arten. So erfuhren Tüpfelhartheu *(Hypericum perforatum)* und Salzkraut *(Salsola kali)*, zwei in Europa nur zerstreut vorkommende Wildpflanzen, in Nordamerika eine Massenvermehrung und führten zu schweren Schäden in der dortigen Landwirtschaft. Ähnliches ist auch vom Feigenkaktus *(Opuntia)* bekannt, der 1787 von Amerika nach Australien gebracht wurde und sich dort zu einer regelrechten Landplage auf dem wertvollen Schafweideland entwikkelte. In Mitteleuropa ist die massenhafte Verbreitung solcher Neophyten ebenfalls bestens bekannt, denkt man nur an die beiden Franzosenkrautarten *(Galinsoga parviflora* und *G. ciliata)* oder an die Kanadische Wasserpest *(Elodea canadensis)*, die in sauberen Gräben und Teichen vorkommt.

Auch manche Wildpflanzen des Grünlands werden von Landwirten als Unkräuter angesehen und bekämpft. In erster Linie sind davon Giftpflanzen betroffen, die gelegentlich vom Vieh gefressen werden und zu Todesfällen in den Herden führen. Giftige Arten sind u. a. der Sumpfschachtelhalm oder Duwock *(Equisetum palustre)*, der Gifthahnenfuß *(Ranunculus sceleratus)*, die Herbstzeitlose *(Colchicum autumnale)* und der auf Gebirgswiesen und in Hochstaudenfluren vorkommende Weiße Germer *(Veratrum album)*.

Forstkulturen, vor allem Fichten- oder Kiefernreinbestände, bedürfen der aufwendigen Pflege durch den Menschen. Gräser, Farne, Heidekraut, Ginster oder Heidelbeere gelten als Unkraut und müssen den jungen Bäumen zuliebe entfernt werden. Die Konkurrenz der Gräser, unter ihnen besonders der Reitgrasarten (*Calamagrostis* spec.) und der Drahtschmiele *(Avenella flexuosa)*, ist in der Jugendphase der Gehölze sehr groß. Später beschatten die Bäume den Unterwuchs und werden ihrerseits zu Konkurrenten der Wildpflanzen.

Zur Bekämpfung der Unkräuter haben Land- und Forstwirte die unterschiedlichsten Methoden genutzt. Im Ackerbau maß man von jeher einer vorbeugenden Unkrautbekämpfung große Bedeutung bei. Sie war im Grunde genommen schon durch eine geeignete Fruchtfolge und gewissenhafte Pflege der Kulturen zu erreichen. Richtige Bodenbearbeitung, Saatgutreinigung, zweckmäßige Aussaatzeit und Aussaatstärke sowie eine wohlbedachte Stallmistzubereitung, die dem Boden wenig Unkrautsamen zuführt, waren Gütezeichen einer guten bäuerlichen Bewirtschaftung. Ein großer Schatz an Erfahrungen wurde bei unserer ländlichen Bevölkerung gehütet und immer wieder an die junge Generation weitergegeben. Und dann kam eines Tages der große unaufschiebbare Wandel. Wissenschaft und Technik waren weit fortgeschritten und ergriffen auch die bäuerliche Sphäre. Maschinen wurden konstruiert, die den Landwirten die Arbeit erleichterten, zu der ersehnten Verkürzung der Arbeitszeit führten und den gesamten Arbeitsprozeß effektiver gestalteten. Gleichzeitig eröffnete die plötzlich einsetzende massenhafte Produktion von Herbiziden, Insektiziden, Fungiziden und anderen Schädlingsbekämpfungsmitteln völlig neue Wege im Pflanzenbau. Gleich nach dem zweiten Weltkrieg, etwa Anfang der fünfziger Jahre begann dieser nun weltweit stattfindende Prozeß. Ohne Fachstudium ließ sich diese stürmische Entwicklung nicht mehr überschauen. Deshalb wurden neue Hoch- und Fachschulen eröffnet. An den Landwirtschaftlichen Fakultäten der Universitäten kam es zur Gründung spezieller Lehrstühle. Ein neues Wissensgebiet entstand, die Herbologie, eine Disziplin, die sich mit der Wirkung von Herbiziden im Pflanzenbau beschäftigt. Ihr wurde durch eine Vielzahl von Arbeiten zu großem Ansehen verholfen. Die ersten Erfolge waren beeindruckend. Versagte ein Herbizid, so wurde es durch ein geeigneteres ersetzt. Mahnende Stimmen gab es wenig. Die Umwelt wurde von Toxikologen überwacht, alles schien in Ordnung.

Fast 20 Jahre hatte diese uneingeschränkte Erwartung an die Chemie gedauert. Doch man hatte sich auf einen Wettlauf mit den Unkräutern eingelassen, der in dieser einfachen, unökologischen Art nicht gewonnen werden konnte.

Bald legte sich die anfängliche Euphorie. Es kam zu Artverschiebungen. Leicht bekämpfbare Arten gingen zurück, vor allem solche, die für die anfänglich überall eingesetzten Wuchsstoffherbizide auf der Basis von 2,4-D und MCPA empfindlich waren. Dafür kam es zur massenhaften Entwicklung schwer bekämpfbarer Vertreter, die man schlicht »Problemunkräuter« nannte.

Das »ökologische Signal« stand auf Halt! Nachdenken war gefragt. Die Gesetzmäßigkeiten der theoretischen Ökologie rückten in das Blickfeld. Wie war es mit der »Ökologischen Nische«, was bedeutete Konkurrenz wirklich? In welcher Weise hatte der Mensch steuernd in das System eingegriffen, das normalerweise weitgehend im Gleichgewicht ist? War es schon zu spät?

Die chemische Bekämpfung kann nicht das alleinige Heilmittel sein. Aber ebenso verkehrt wäre es, wenn man als Alternative entweder nur die mechanische oder biologische Bekämpfung anbieten würde. Eine alleinige mechanische Bekämpfung scheidet schon deshalb aus, weil derzeit nicht genügend moderne Gerätesysteme zur Verfügung stehen und überdies ein Mangel an Arbeitskräften besteht. In Mitteleuropa nahm die Zahl der in der Landwirtschaft Beschäftigten seit dem zweiten Weltkrieg ständig ab.

Auch mit biologischer Bekämpfung allein lassen sich zum gegenwärtigen Zeitpunkt die Probleme nicht lösen. Immerhin kann sie heute schon eine wichtige Ergänzung zu den übrigen Verfahren der Unkrautbekämpfung darstellen, besonders in speziellen Fällen, wenn andere Methoden versagen oder aus Umweltschutzgründen sich eine chemische Behandlung verbietet. Allerdings steht die Forschung auf diesem Gebiet vielfach noch am Anfang, besonders im Bereich der sogenannten Bioherbizidforschung, bei der man mit bestimmten pathogenen Pilzen, die auch als Mykoherbizide bezeichnet werden, Unkräuter bekämpft. In den USA wird ein solches Bioherbizid namens COLLEGO gegen die Knotenwicke *(Aeschynomene virginica)* eingesetzt. Sie kommt in großer Menge in Reis- und Sojabohnenkulturen vor und gilt dort als Problemunkraut. Mit dem Pilz *Colletotrichum gloeosporioides*, einem Bestandteil des Präparates, ließen sich sehr gute Bekämpfungserfolge erreichen, die zwischen 90 und 100 % lagen. Als Nachteil ergab sich allerdings, daß andere Bekämpfungsmittel, darunter Insektizide, Fungizide und Herbizide, die zur Einschränkung tierischer und pilzlicher Schaderreger sowie zur Bekämpfung anderer Unkräuter notwendig sind, die Wirkung des Pilzes mindern.

Erfolgversprechend erscheint auch der Pilz *Ascochyta caulina* für den Einsatz gegen den Weißen Gänsefuß *(Chenopodium album)*. Nach erfolgreichem Test in Laboratorien Deutschlands und der Niederlande ergaben sich allerdings noch Schwierigkeiten beim

Einsatz in Freilandkulturen, da unter den Witterungsbedingungen in gemäßigten Klimazonen eine nur unzureichende Infektion des zu bekämpfenden Unkrauts erreicht wird.

Die biologische Unkrautbekämpfung unterscheidet sich in ihren Methoden grundsätzlich von chemischen Verfahren. Während beim Einsatz von Herbiziden in der Regel mit einem Wirkstoff viele Arten erfaßt werden, sind biologische Methoden im allgemeinen wirtsspezifisch.

Das Ziel der biologischen Unkrautbekämpfung ist klar formuliert. Es besteht darin, den Nutzpflanzenbestand durch den Einsatz von Organismen, wie pathogenen Pilzen, Milben, phytophagen Insekten und anderen Antagonisten, konkurrenzfähig zu halten und die zu bekämpfende Art auf einen ökonomisch unbedeutenden Anteil zurückzudrängen, ohne aber deren Ausrottung im Auge zu haben.

Biologische Verfahren zur Unkrautbekämpfung spielten schon in früherer Zeit eine Rolle. Die sogenannte klassische Methode sieht den Einsatz wirtsspezifischer, sich selbst reproduzierender natürlicher Feinde vor, die dem eingeschleppten Unkraut nicht gefolgt waren. Dabei wird vorausgesetzt, daß in dem neuen Gebiet ähnliche Umweltbedingungen wie in der alten Heimat vorliegen. Es gibt eine Reihe bekannter Beispiele für die erfolgreiche Anwendung dieser ältesten Methode der biologischen Unkrautbekämpfung. An anderer Stelle haben wir schon auf die Feigenkakteen *(Opuntia)* hingewiesen, die mit dem Schmetterling *Cactoblastis cactorum* erfolgreich bekämpft wurden. Ein besonders eindrucksvolles Beispiel ist die Bekämpfung des Großen Knorpellattichs *(Chondrilla juncea)* in Australien. Die in Europa und Westasien verbreitete Art ist nach Australien eingeschleppt worden und hat dort nach massenhafter Vermehrung große Schäden in landwirtschaftlichen Kulturen verursacht. Nach Einführung des Rostpilzes *Puccinia chondrillina*, der Gallfliege *Cystiphora schmidtii* und der Gallmilbe *Acera chondrillae* aus dem Mittelmeerraum kam es zu einem deutlichen Rückgang des Unkrauts, der einen weiteren Herbizideinsatz ökonomisch nicht mehr rechtfertigte.

Biologische Unkrautbekämpfung ist ein relativ weit gefaßter Begriff, der auch entferntere, unspezifische Methoden einschließt. Als Beispiel möge die Verwendung des Amurgraskarpfens *(Ctenopharyngodon idella)* angeführt sein. Er wird zum Abweiden submerser Wasserpflanzen in Gräben und Seen eingesetzt. In den USA ist man damit der Grundnessel *(Hydrilla verticillata)* zu Leibe gegangen, die als »Wasserunkraut« Probleme bereitet.

Trotzdem wird nicht jede Maßnahme zur biologischen Unkrautbekämpfung gezählt, die zur Unterdrückung des Unkrautes Anwendung findet. Das betrifft u. a. den Anbau von Zwischenfrüchten oder gar die Einsaat von konkurrenzschwachen, jedoch unkrautniederhaltenden Beipflanzen in bestimmten Kulturfrüchten. Diese Methode wendet man vor allem im Mais- und Rübenanbau an, weil bekanntlich beide Kulturen in ihrer frühen Jugendentwicklung gegenüber Unkräutern sehr konkurrenzschwach sind. Die Beipflanze soll das Unkraut im Wuchs beeinträchtigen, die Nutzpflanze jedoch nicht behindern. Das ist beispielsweise beim Weißklee *(Trifolium repens)* der Fall, der in Maisbeständen bis zum Vierblattstadium der Kulturfrucht keine störenden Wirkungen verursacht, dafür aber hervorragend das Unkrautwachstum einschränkt. Ähnliche Ergebnisse sind auch mit Sommergerste, Hafer und Winterroggen als sogenannte Schutzpflanzen erzielt worden. In Kanada hat man sie mit Erfolg in junge Zuckerrübenkulturen eingesät und damit die Winderosion auf den Äckern mindern können. Natürlich müssen die Bei- oder Schutzpflanzen zu einem genau festgelegten Zeitpunkt aus den Kulturpflanzenbeständen entfernt werden, weil sie sich sonst zu Konkurrenten entwickeln würden.

Die Methode der chemischen Unkrautbekämpfung hat wegen der relativ leichten Anwendbarkeit und ihres zunächst hohen Wirkungsgrades weite Verbreitung gefunden. Allzuoft verloren dabei alte Verfahren der mechanischen Bekämpfung, wie Stoppelbearbeitung mittels Schälpflug und Scheibenegge oder Striegeln des jungen Getreides, zu Unrecht an Bedeutung. Das kam uns aber teuer zu stehen, denn bei dem überwiegenden Getreideanteil von mehr als 66 % in der Fruchtfolge hätte die Bodenbearbeitung gar nicht eingeschränkt werden dürfen, wenn man nicht unübersehbare Folgen bei der Verunkrautung in Kauf nehmen will. So trat bei konzentriertem Getreideanbau schon nach wenigen Jahren ein so hoher Anteil an Gemeiner Quecke *(Elytrigia repens)* und Ackerkratzdistel *(Cirsium arvense)* auf, daß ein Einsatz von teuren Spezialherbiziden unumgänglich war. Wurde dagegen eine kontinuierliche Stoppelbearbeitung durchgeführt, ließ sich die Gesamtverunkrautung um 40 % mindern. Gegen Ackerkratzdistel und Quecke waren sogar Bekämpfungserfolge von 70 bis 90 % erreichbar; selbst einjährige Unkräuter konnten noch um 20 bis 35 % zurückgedrängt werden.

Den geringsten Aufwand an Unkrautbekämpfungsmaßnahmen verlangt der früher geübte Fruchtwechsel, bei dem von Jahr zu Jahr Getreide und Hackfrüchte abwechselten. Das war alte Bauernweisheit, die vom Katheder gelehrt, aber natürlich auch einfach von Generation zu Generation weitergegeben wurde. Ökonomische Gründe und Spezialisierungen der landwirtschaftlichen Betriebe haben an dieser alten Erfahrung gerüttelt und zu Einengungen der Fruchtfolge geführt. Wenn aber der Getreideanteil höher wird, ist die Stoppelbearbeitung als pflegende Maßnahme unersetzlich, will man nicht die oben erwähnten mehrjährigen Unkräuter überhandnehmen lassen. Ebenso sollte auf die früher normale Saatpflege mittels Egge, Striegel oder Ackerbürste nicht verzichtet werden. Solche Maßnahmen sind wirkungsvoller und vor allem umweltfreundlicher als ein Einsatz von chemischen Präparaten.

Aufs Korn genommen

Will man Unkräuter bekämpfen, was nach übereinstimmender Meinung von Ökologen und Landwirten umweltschonend erfolgen soll, muß man sie genau kennen. Neue Strategien waren zu erarbeiten, Prognoseberechnungen wurden gefordert, man brauchte exaktes Datenmaterial.

Die Aufgaben waren formuliert, das neue Forschungsprogramm konnte beginnen. Man schrieb das Jahr 1971. Es war noch nicht zu spät, der Intensivierungsboom hatte gerade eingesetzt.

Wissenschaftler, landwirtschaftliche Praktiker und Studenten der ehemaligen DDR fühlten sich an einen Tisch gebunden. Die einen kamen aus landwirtschaftlichen Instituten und Betrieben, die anderen von Hochschulen und Universitäten, wo sie sich mit biologisch-ökologischen Problemen beschäftigten. Sie waren zu gefragten Partnern der Landwirte geworden.

Ein System der Schaderregerüberwachung sollte aufgebaut werden, in möglichst kurzer Zeit und flächendeckend über das ganze Land. Gab es dazu überhaupt Grundlagen, oder mußte man aus dem Nichts beginnen? Natürlich war vieles bekannt. Gleich nach dem zweiten Weltkrieg hatte an den Universitäten und Hochschulen eine intensive Forschungsarbeit begonnen. In vielen botanischen Instituten beschäftigte man sich mit Unkräutern, vor allem mit ihrer pflanzensoziologischen Bindung und geographischen Verbreitung. Die Agrogeobotanik, eine ökologische Spezialdisziplin, war durch eine große Zahl von Arbeiten bereichert worden und ließ sich als Grundlage für ein zu erarbeitendes System der Unkrautüberwachung nutzen. Allerdings mußten dazu spezielle Methoden erarbeitet werden, da die meisten Unkräuter im Gegensatz zu anderen Schaderregern streng standortsgebunden vorkommen und immer mit anderen Arten vergesellschaftet sind.

In vielen Ländern war man auf diese neue Situation gut eingestellt. Es existierten Beschreibungen und kartographische Erfassungen von Ackerunkrautgesellschaften. Als besonders aussagekräftig erwiesen sich Verbreitungskarten auf Gitternetzbasis (Abb. 35). In ihnen ist das Vorkommen einer bestimmten Art im

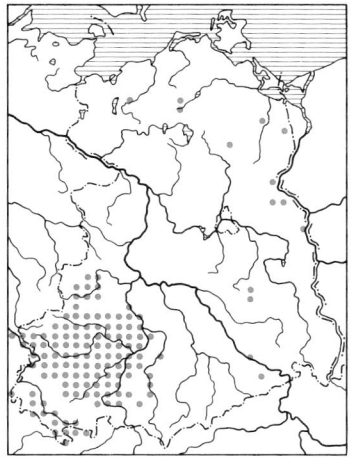
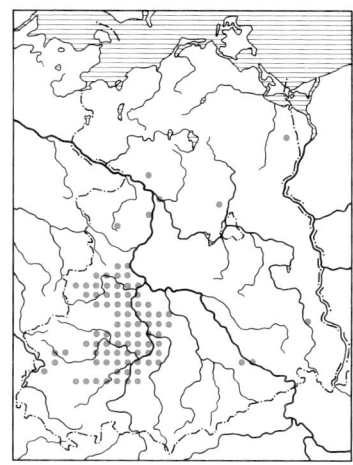
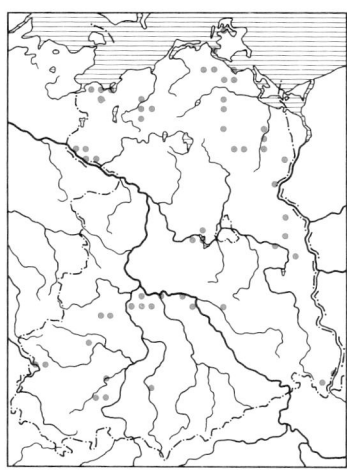

Abb. 35 Verbreitung von Ackerunkräutern in mittleren Zentraleuropa.
a Sommeradonisröschen *(Adonis aestivalis)*,
b Einjähriges Bingelkraut *(Mercurialis annua)*,
c Ackerfuchsschwanz *(Alopecurus
myosuroides)*

Bereich eines Meßtischblattes festgehalten. Im Falle des Sommer-
adonisröschens *(Adonis aestivalis)* wird z. B. deutlich, daß die
Hauptverbreitung im Thüringer Muschelkalkgebiet liegt. Beim
Einjährigen Bingelkraut *(Mercurialis annua)*, einem Problemunkraut der Rübenäcker, ist eine ähnlich eingeschränkte Verbrei-
tungstendenz zu erkennen. Hier liegen die Häufungszentren in
der Magdeburger Börde und im nordöstlichen Harzvorland. Der
Ackerfuchsschwanz *(Alopecurus myosuroides)*, ein in Westeuropa
häufiges Wildgras mit hoher Konkurrenzkraft, kommt als ozea-

nisch verbreitete Art im mittleren Zentraleuropa nur zerstreut vor. Trotzdem vermag er gebietsweise, wie in der Umgebung von Potsdam, im Oderbruch, im Mittelelbegebiet, im Mansfelder Bergland und im Thüringer Becken, lokal begrenzte Massenvorkommen auszubilden, die im Rahmen der Unkrautüberwachung und -bekämpfung unter Kontrolle zu halten sind.

Mit den Verbreitungskarten einzelner Unkräuter und der Karte der Ackerunkrautgesellschaften hatte man die wesentlichen Unterlagen für die Ausweisung von Stichprobenräumen zur Erprobung eines Systems der Unkrautüberwachung zur Verfügung. Denn es läßt sich von dem Vorkommen eines charakteristischen Vegetationstyps auf bestimmte Standortverhältnisse schlußfolgern. Andererseits ist es auch möglich, von Bodenverhältnissen auszugehen und auf Vegetationseinheiten zu schließen. Damit konnten Bodenkarten und ähnliche Materialien ebenfalls ergänzend genutzt werden.

Natürlich war noch zu klären, welcher Stellenwert der Kulturfrucht beizumessen ist oder ob sie ebenfalls den Charakter der Unkrautvegetation bestimmte. Untersuchungen zur Rangordnung landwirtschaftlich bedeutsamer Unkräuter zeigten dann auch, daß in den einzelnen Wintergetreidekulturen unterschiedliche Unkrautarten dominieren. Bei den Sommergetreiden waren die Unterschiede in der Verunkrautung nicht so groß.

Die exakte Festlegung der Grundgesamtheit als eine genau begrenzte und eindeutig definierte Menge aller Untersuchungsobjekte ist bei wissenschaftlichen Arbeiten von großer Wichtigkeit. Da eine Vollerhebung aber nicht durchführbar und zudem nicht wirtschaftlich ist, muß die Untersuchung auf einen Teil der Grundgesamtheit, auf die sogenannte Stichprobe, beschränkt bleiben. Von dieser Stichprobe läßt sich wiederum auf die Grundgesamtheit schließen.

Bei der Unkrautüberwachung ist die Grundgesamtheit im einfachsten Fall als Menge aller Äcker eines Standorttyps im Bereich einer Kulturfrucht und einer Unkrautgesellschaft zu definieren (Abb. 36). So können beispielsweise in einem festgelegten Untersuchungszeitraum, in der ersten Aprildekade eines jeden Jahres, alle Winterweizenschläge auf Lößstandorten der Magdeburger Börde innerhalb des Euphorbio-Melandrietum, der Lichtnelken-Gesellschaft, als Grundgesamtheit gelten. Ein Acker würde dann nach der Definition wie ein Untersuchungsobjekt dem anderen gleichen, und es wäre möglich, die Ergebnisse der Stichprobe auf das gesamte Gebiet hochzurechnen. Die Grundgesamtheit ließe sich für speziellere Fragestellungen natürlich auch noch weiter untergliedern, indem beispielsweise alle Winterweizenäcker mit gleicher Vorfrucht als Einheit aufgefaßt werden. Solche Aussagen

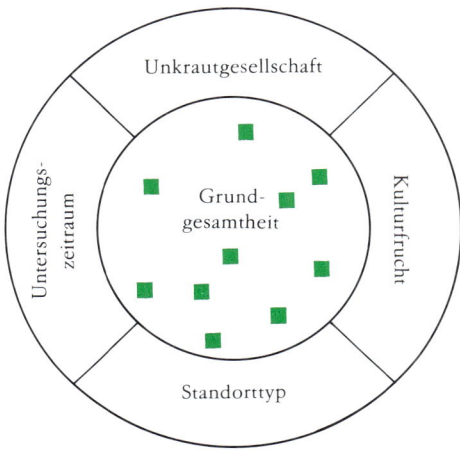

■ Aufnahmefläche (Stichprobe)

Abb. 36 Grundgesamtheit als einheitlicher Stichprobenraum

sind im Hinblick auf speziellere Fragestellungen, z. B. die Bedeutung bestimmter Fruchtfolgen für die Verunkrautung, genauer.

Die Grundgesamtheit kann auch größere und voneinander entfernte Gebiete umfassen. Bei Untersuchungen auf Alluvialstandorten des Oder- und Elbtals wurden über 28 000 ha Winterweizenfläche in die Beobachtung einbezogen. Es zeigte sich, daß in diesem großen Gebiet eine Stichprobe von 60 Vegetationsaufnahmen ausreicht, um die landwirtschaftlich bedeutsamen Unkräuter in ihrer Menge zu erfassen.

Die Primärdaten, d. h. die Zahl bzw. der Deckungsgrad der Unkrautkeimlinge, werden auf den Äckern nach einer standardisierten Boniturskala auf 25 m² großen Flächen erhoben (Tab. 9). Diese Skala sieht in den unteren Bereichen eine Zählung der Individuen vor. In den oberen Intervallen ist eine Zählung nicht mehr möglich; es wird deshalb die von den Unkräutern bedeckte Fläche, der sogenannte Deckungsgrad, ermittelt.

Im Rahmen der jährlich durchgeführten landesweiten Unkrautüberwachung erfolgt eine Zählung der Keimlinge auf 0,25 m² großen Flächen. Diese kleinen Boniturflächen ermöglichen eine genaue Einschätzung der Befallssituation hinsichtlich des Vorkommens der Hauptunkräuter. Sie reichen aber nicht aus, um die gesamte Unkrautgesellschaft zu erfassen. Deshalb sind in größeren Zeitabständen von etwa 5 Jahren Bonituren auf 25 m² großen

Tabelle 9:
Boniturskala zur Erfassung von Ackerunkräutern

Boniturnote	Befallswert		
0	0		
1	1	bis 5	Exemplare, nicht deckend
2	6	bis 10	Exemplare, nicht deckend
3	11	bis 20	Exemplare, nicht deckend
4	1 bis	2,5 %	Deckungsgrad
5	> 2,5 bis	7,5 %	Deckungsgrad
6	> 7,5 bis	12,5 %	Deckungsgrad
7	>12,5 bis	30,0 %	Deckungsgrad
8	>30,0 bis	60,0 %	Deckungsgrad
9	>60,0	%	Deckungsgrad

Flächen nötig, um mögliche Strukturveränderungen der Unkrautvegetation näher zu beschreiben.
Die Ergebnisse der Unkrautüberwachung als eines Teiles der
Schaderregerüberwachung werden ausgewertet, wobei Werte aus
dem Datenspeicher Pflanzenschutz und Empfehlungen des Me-
teorologischen Dienstes sowie wissenschaftlicher Institute bei der
Erarbeitung der Befallsanalyse sowie Befalls- und Schadenspro-
gnose Berücksichtigung finden. Als Ergebnis der Datenbearbei-
tung liegen optimierte Bekämpfungsempfehlungen vor, die an die
landwirtschaftlichen Betriebe weitergeleitet werden. Dort erfolgt
auf der Grundlage der aus der Unkrautüberwachung abgeleiteten
Vorschläge die exakte Einschätzung der Befallssituation eines jeden Kulturpflanzenbestandes im Rahmen der Bestandesüberwachung (Abb. 37).
Mit der Schaderreger- und Bestandesüberwachung ist die Möglichkeit gegeben, Pflanzenschutzmaßnahmen gezielt einzuleiten
und die Anwendung chemischer Pflanzenschutzmittel auf ein
Mindestmaß zu reduzieren. Ungerechtfertigte Routinemaßnah-
men, wie sie leider heute noch in vielen Ländern erfolgen, können damit weitestgehend ausgeschlossen werden. Ein hoffnungs-
voller Weg, der aber viel Fachkenntnis auf landwirtschaftlichem
und ökologischem Gebiet erfordert und Mut zum Risiko einschließt. Wissenschaftlich richtig und verantwortungsbewußt
durchgeführt, wird dieses System entscheidend dazu beitragen,
Artenvielfalt auf intensiv genutzten Flächen erhalten zu können.
Mit Hilfe der Unkrautüberwachung haben wir bisher eine gute
Übersicht über die Verbreitung landwirtschaftlich wichtiger Arten
erhalten und auch einen tieferen Einblick in die Struktur der der-

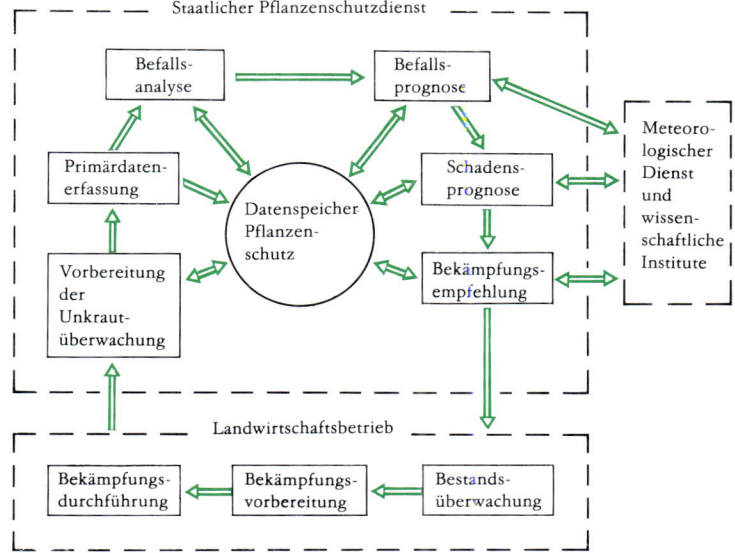

Abb. 37 Informationssystem Pflanzenschutz im Rahmen der Unkraut-
und Kulturpflanzenbestandsüberwachung

zeitigen Unkrautvegetation gewinnen können. Es zeigte sich, daß
die anhaltenden Intensivierungsmaßnahmen relativ artenarme
Unkrautgemeinschaften hervorgebracht haben, in denen wenige
konkurrenzstarke Arten mit hohen Individuenzahlen dominieren.
Aus Untersuchungen im Oder- und Elbtal ging hervor, daß besonders Efeuehrenpreis *(Veronica hederifolia)*, Vogelmiere *(Stellaria media)* und Klettenlabkraut *(Galium aparine)* auf den Winterweizen-
feldern stark verbreitet sind und in manchen Jahren mehr als zwei
Drittel des Deckungsgrads der gesamten Unkrautvegetation aus-
machen (Abb. 38). Andere Arten, wie das Feldstiefmütterchen
(Viola arvensis) oder die Geruchlose Kamille *(Matricaria maritima)*,
die auch mit in die Überwachung einbezogen sind, treten mit wesentlich geringeren Anteilen auf.

Die hohe Dominanz weniger Arten hat die Verdrängung kon-
kurrenzschwacher Unkräuter gefördert. Im Bereich der Winterweizenkulturen des Oder- und Elbtals sank die Artenzahl im
Laufe eines 11jährigen Untersuchungszeitraumes um 30 bis 50 %.
Während zu Beginn der Überwachung im Jahr 1974 noch 66 Unkrautarten vorhanden waren, verringerte sich im Laufe der Unter-
suchungsjahre die Anzahl im Mittel auf 36 Arten. Diese Verhältnisse sind in Gebieten, die in früherer Zeit einer extensiven

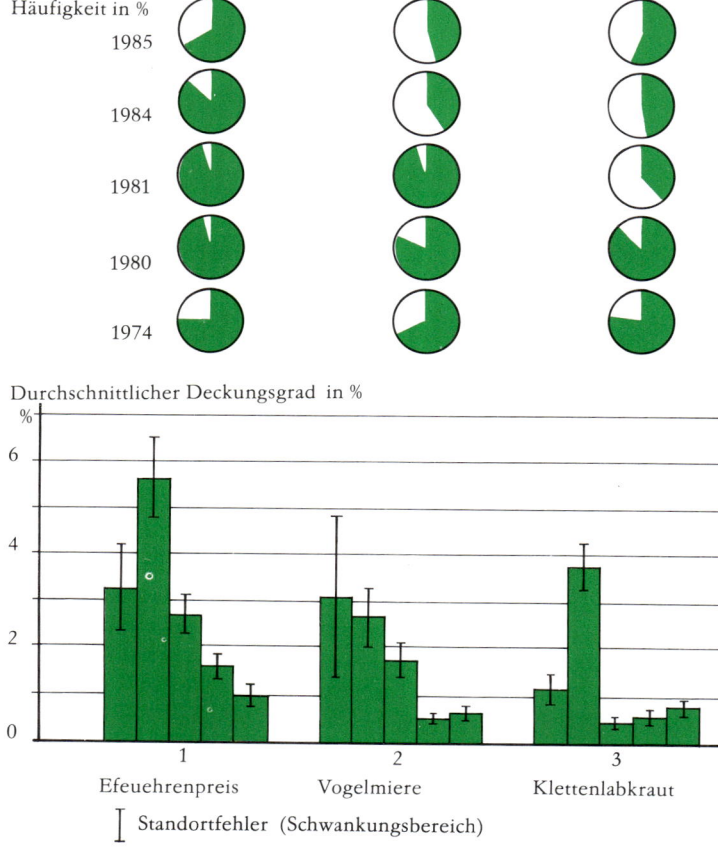

Abb. 38 Häufigkeit und durchschnittlicher Deckungsgrad von Unkräutern im Oder- und Elbtal. Summe des Deckungsgrads der 3 häufigsten Arten Efeuehrenpreis, Vogelmiere und Klettenlabkraut im Verhältnis zum Deckungsgrad aller Arten der Ackerunkrautgesellschaft

landwirtschaftlichen Nutzung unterlagen, noch gravierender. In Gegenden, wie der Oder- und Elbaue mit den bedeutenden landwirtschaftlichen Zentren des Oderbruchs und der Altmärkischen Wische, hat der Strukturwandel sicher schon in früheren Jahrzehnten begonnen. Ähnliches ist von anderen intensiv genutzten Gebieten, wie dem Raum um Halle oder der Magdeburger Börde und der Wesermarsch, zu sagen.

Die meisten Ackerunkrautgesellschaften existieren heute nur noch in einer sehr einfachen Ausbildungsform mit ihrer typischen Untergesellschaft. Die Arten der Extrembereiche, also Basen-, Säure- oder Nässezeiger, sind durch Standortveränderung nach hydromeliorativen Maßnahmen und intensiver Düngung der Äcker sehr selten geworden oder verlorengegangen. Die nunmehr entstandenen artenarmen Unkrautgesellschaften kennzeichnen die unter den heutigen Bedingungen der intensiven Landwirtschaft herrschenden ökologischen Verhältnisse.

In dem ganzen Geschehen liegt eine gewisse Dynamik und Logik, die allerdings in einem sich vollziehenden Naturprozeß nicht anders sein kann. Die neuen Unkrautgesellschaften sind, soweit sich die ökologisch-landwirtschaftlichen Bedingungen nicht wesentlich verändern, sogar sehr stabil, wie Untersuchungen im Oder- und Elbtal bzw. in der Magdeburger Börde ergaben. Zwar lassen sich beim Einzelvergleich bestimmter Unkräuter von Jahr zu Jahr vornehmlich durch die Witterung bedingte Dominanzunterschiede feststellen, aber beim Simultanvergleich der häufigsten Arten sind mit Hilfe der mehrdimensionalen Varianz- und Diskriminanzanalyse keine Unterschiede zwischen den einzelnen Untersuchungsjahren zu verzeichnen (Abb. 39). Man erkennt, daß sich die Streukreise, die die Untersuchungsergebnisse der verschiedenen Jahre charakterisieren, überlappen. Es liegen also keine signifikanten Unterschiede vor; die Unkrautvegetation hat sich in ihrem Gesamtbild im Untersuchungszeitraum nicht geändert.

Diese Ergebnisse sind für landwirtschaftliche und ökologische Fragestellungen sehr bedeutungsvoll. Sie dokumentieren, daß ein weiterer Wandel der Unkrautvegetation nicht eingetreten ist und demzufolge auch keine weitere Verschärfung der Situation stattgefunden hat. Wir haben mit dieser Methode der quantitativen Vegetationserfassung eine geeignete Form der Umweltkontrolle zur Verfügung. Bei exakter Überwachung der Schaderreger ist es nunmehr möglich, umweltschonende Pflanzenschutzmaßnahmen verstärkt einzuführen und die Bekämpfung von Unkräutern auf das notwendige Maß zu beschränken.

Gelegentlich wird heute schon die Frage diskutiert, ob die früher artenreiche Unkrautflora unserer Äcker durch ackerbauliche

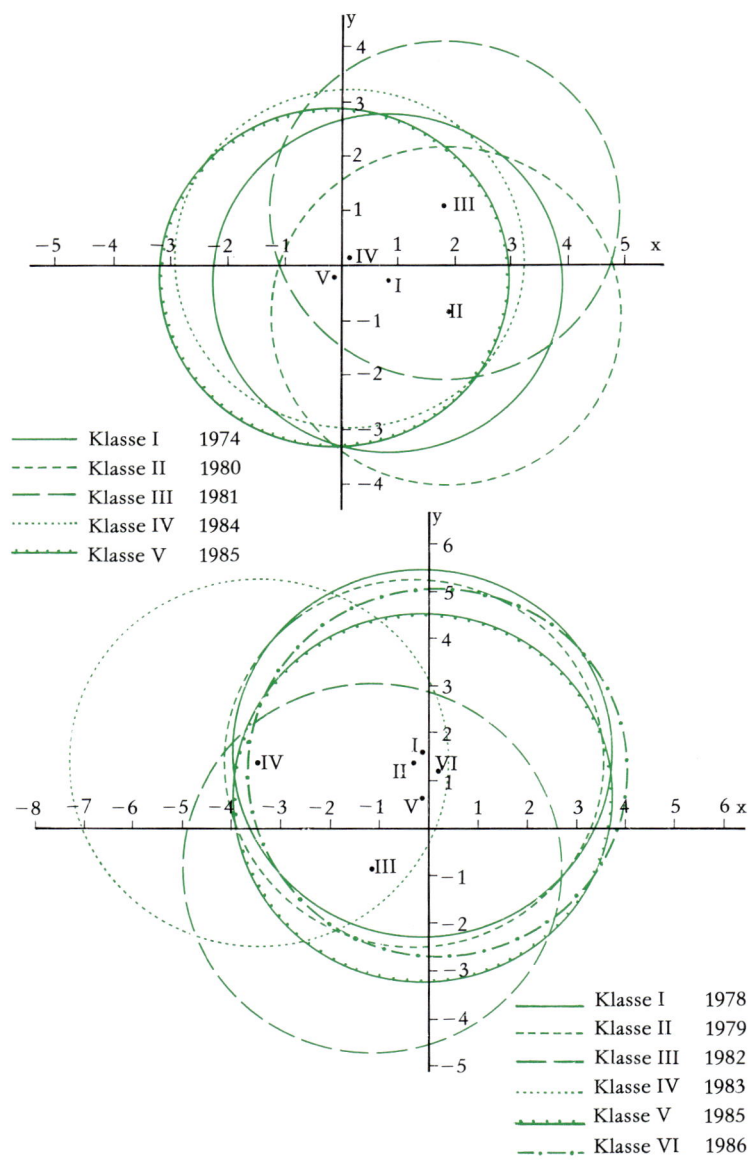

Abb.39 Diskriminanzschemata der Ackerunkrautgesellschaften (Euphorbio-Melandrietum) im Oder- und Elbtal (oben) sowie in der Magdeburger Börde (unten). Kulturfrucht: Winterweizen

90

Steuerungsmaßnahmen wieder hervorzubringen wäre. Soweit die Diasporen im Boden noch vorhanden sind, und das hängt von ihrer unterschiedlichen Lebensdauer ab, ist es vom Prinzip her sicher möglich. Es wäre notwendig, all jene agrochemischen und agrotechnischen Maßnahmen zurückzunehmen bzw. einzuschränken, die zur Dominanz der schwer bekämpfbaren Problemunkräuter geführt haben. Solche Gedanken sind überlegenswert, bedürfen aber einer klaren landwirtschaftlichen und ökologischen Konzeption im Sinne einer gezielten Beeinflussung der Agrobiozönose.

Unkraut vergeht nicht

Mit der pauschalen Aussage, daß Unkraut nicht vergehe, läßt sich natürlich das Problem nicht beschreiben. Es spiegelt ja auch nur einen Teil unserer Erfahrung wider. Sicher, Kleinblütiges Franzosenkraut *(Galinsoga parviflora)*, Vogelmiere *(Stellaria media)*, Einjähriges Rispengras *(Poa annua)*, Große Brennessel *(Urtica dioica)* und Ackerwinde *(Convolvulus arvensis)* machen uns schon im Garten schwer zu schaffen, und ebenso sind Klettenlabkraut *(Galium aparine)*, Weißer Gänsefuß *(Chenopodium album)* und Gemeiner Windhalm *(Apera spica-venti)* arge Konkurrenten auf Äckern, die scheinbar gar nicht vergehen. Wie sieht es aber mit Kornblume *(Centaurea cyanus)*, Ackersenf *(Sinapis arvensis)*, Feldrittersporn *(Consolida regalis)* oder Klatschmohn *(Papaver rhoeas)* aus, die unsere Felder so bunt machten und heute von vielen vermißt werden? Dabei sind es noch nicht einmal die absolut selten gewordenen Arten, wie Venuskamm *(Scandix pecten-veneris)*, Rundblättriges Hasenohr *(Bupleurum rotundifolium)* oder Ackerschwarzkümmel *(Nigella arvensis)*, die infolge ihres drastischen Rückgangs zu den stark gefährdeten Unkräutern gehören. Es ist also notwendig zu differenzieren. Auf der einen Seite gibt es Arten, die als Konkurrenten der Nutzpflanzen eingeschränkt werden müssen, andererseits haben wir aber unsere ganze Aufmerksamkeit dem Schutz seltener Unkräuter zu widmen.

Aus der Unkrautüberwachung ist – wie schon gesagt – bekannt, daß in den einzelnen Kulturfrüchten verschiedene Arten zu Problemunkräutern für die Landwirtschaft wurden (Tab. 10). In Winterweizen- und Wintergerstebeständen ist in erster Linie das starke Hervortreten von Klettenlabkraut *(Galium aparine)*, Vogelmiere *(Stellaria media)*, Feldstiefmütterchen *(Viola arvensis)* und Gemeinem Windhalm *(Apera spica-venti)* zu beklagen; letzterer ist besonders auf mineralarmen, leichten Böden ein dominierendes Wildgras.

Tabelle 10:
Auftreten von Ackerunkräutern im bekämpfungsnotwendigen Umfang in Prozent
zur Anbaufläche der ehemaligen DDR (nach Feyerabend)

Deutscher Name	Wissenschaft- licher Name	Jahr der Unkrautüberwachung				
		1983	1984	1985	1986	1987
Vorkommen **im Winterweizen**						
Klettenlabkraut	*Galium aparine*	48,7	26,5	36,7	36,9	42,1
Vogelmiere	*Stellaria media*	77,4	38,6	51,4	48,7	56,5
Feldstiefmütterchen	*Viola arvensis*	33,3	10,9	15,2	17,9	26,8
Gemeiner Windhalm	*Apera spica-venti*	29,9	13,2	19,1	21,1	22,1
Vorkommen **in der Wintergerste**						
Klettenlabkraut	*Galium aparine*	28,1	30,2	33,6	26,9	39,4
Vogelmiere	*Stellaria media*	82,8	61,7	72,1	67,1	76,7
Feldstiefmütterchen	*Viola arvensis*	33,8	33,1	36,6	40,4	43,8
Gemeiner Windhalm	*Apera spica-venti*	21,7	17,9	25,2	14,3	20,1
Vorkommen **im Winterroggen**						
Gemeiner Windhalm	*Apera spica-venti*	66,9	47,8	40,3	45,7	52,6

Starke Unkrautprobleme bestehen auch im Zuckerrübenanbau. Großer Reihenabstand und langsames Jugendwachstum der Kulturfrucht stellen hier ideale Bedingungen für die massenhafte Unkrautentwicklung dar. Besonders Klettenlabkraut *(Galium aparine)*, Zurückgebogener Amarant *(Amaranthus retroflexus)*, Einjähriges Bingelkraut *(Mercurialis annua)*, Schwarzer Nachtschatten *(Solanum nigrum)*, Flughafer *(Avena fatua)*, Hirsearten vornehmlich der Gattungen *Setaria* und *Echinochloa* sowie Ausfallgetreide, d. h. Durchwuchs der vorjährigen Kulturpflanze, gehören zu den Problemarten.

So ließe sich die Liste für alle weiteren Kulturen vervollständigen, besonders für den Mais, wo ähnliche Probleme wie im Rübenanbau bestehen und Hirsearten sich zu bedrohlichen Konkurrenten entwickeln.

Gleiches ist auch aus den Tropen bekannt. Die Ausdehnung der Kulturen ging dort nicht mit verbesserten, intensiveren Anbaumethoden einher, so daß die Erträge nur gering oder mittelmäßig blieben. Ein Hervortreten schwer bekämpfbarer Wildgräser auf Zuckerrohrflächen geht z. B. im wesentlichen auf die einseitige Anwendung bestimmter Herbizide, besonders der Harnstoffderivate und Triazine, zurück, mit denen Hirsearten, wie *Digitaria sanguinalis, Echinochloa colonum* und *Sorghum halepense* oder Hundszahn *(Cynodon dactylon)* und Zypergras *(Cyperus rotundus)*, nicht zu bekämpfen sind. Hinzu kam, daß auch ungeeignete mechanische Bekämpfungsmaßnahmen, wie die Zwischenreihenbearbeitung mit der Scheibenegge anstelle des Grubberns, die Verbreitung mancher Wildgräser, darunter *Sorghum halepense* und *Cynodon dactylon,* förderten.

Weltweit besteht also das Problem, daß in den vergangenen Jahrzehnten unüberlegte, einseitige pflanzenbauliche Maßnahmen, wie sie leider in Mitteleuropa und Nordamerika praktiziert wurden, auch in anderen Ländern zur Anwendung kamen.

Die Gründe, die zur Veränderung der Unkrautflora führten, sind sehr unterschiedlich. Deshalb wäre es falsch, wenn man nur in der einseitigen Herbizidanwendung die Ursache sehen wollte. Vielmehr hat ein ganzer Komplex von agrotechnischen und agrochemischen Maßnahmen den heutigen Charakter der Ackerunkrautgesellschaften geprägt. Alle Intensivierungsmaßnahmen, von der verbesserten Saatgutreinigung, angefangen über Mähdrusch, Vorverlegung der Saatzeit, veränderte Fruchtfolge und Bodenbearbeitung sowie Anbau kurzstrohiger Getreidesorten bis hin zur verstärkten Düngung und Herbizidanwendung haben letztlich zur Abnahme bzw. Förderung bestimmter Arten geführt (Tab. 11). So kam es insgesamt nach zunehmender anthropogener Beeinflussung zur Einschränkung der Artenmannigfaltigkeit oder Diversität und Dominanz weniger, der jeweiligen ökologischen Situation besonders gut angepaßter Unkräuter. Daraus resultierte wiederum eine größere Instabilität des Agroökosystems, worauf im nächsten Kapitel noch einzugehen ist.

Die hier kurz dargelegten Ursachen für die Veränderung der Dominanzstruktur von Ackerunkrautgesellschaften sind sicher dem Uneingeweihten nicht sofort in allen Einzelheiten verständlich. Immerhin, von der nunmehr schon seit einigen Jahrzehnten üblichen Saatgutreinigung haben wir bereits in einem früheren Kapitel erfahren. Dieser Methode fallen besonders Unkräuter mit kurzlebigen Diasporen, wie Kornrade *(Agrostemma githago)*, Roggentrespe *(Bromus secalinus)* oder Taumellolch *(Lolium temulentum)*, zum Opfer, die zu den von Aussterben bedrohten bzw. stark gefährdeten Arten in Mitteleuropa gehören.

Viele Unkräuter, besonders Gräser, profitieren von dem heute allerorts üblichen Mähdrusch allein dadurch, daß sie länger auf dem Feld verbleiben und mit der Kulturfrucht ausreifen. Diese Ernteverzögerung fördert vor allem den Gemeinen Windhalm *(Apera spica-venti)* und den Flughafer *(Avena fatua)*, aber natürlich auch den Ackerfuchsschwanz *(Alopecurus myosuroides)*, der jedoch wie bereits erwähnt wurde, bevorzugt im westlichen Europa vor-

Veränderungen der Ackerunkrautflora nach landwirtschaftlichen Intensivierungs-maßnahmen

Intensivierungsmaßnahme	Abnahme/**Zunahme**
Saatgutreinigung	Kornrade *(Agrostemma githago)*
Mähdrusch und Ernte-verzögerung	**Gemeiner Windhalm** *(Apera spicaventi)*, **Wildhafer** *(Avena fatua)*
Vorverlegung der Saatzeit	**Hohlzahn** *(Galeopsis tetrahit)*, **Wildhafer** *(Avena fatua)*
Fruchtfolge (höherer Getreideanteil)	**Gemeiner Windhalm** *(Apera spicaventi)* **Ackerfuchsschwanz** *(Alopecurus myosuroides)*
Einschränkung und Veränderung der Bodenbearbeitung — Veränderung der Dominanzstruktur	**Quecke** *(Elytrigia repens)*
Anbau kurzstrohiger Getreidesorten	**Echte Kamille** *(Chamomilla recutita)*
Erhöhte Düngung	**Bauernsenf** *(Teesdalia nudicaulis)*, **Vogelmiere** *(Stellaria media)*, **Weißer Gänsefuß** *(Chenopodium album)*
Einseitige Herbvizidanwendung (2,4-D; MCPA)	**Ackersenf** *(Sinapis arvensis)*, **Efeuehrenpreis** *(Veronica hederifolia)*, **Klettenlabkraut** *(Galium aparine)*, **Wildgräser**
Zunehmende antropogene Beeinflussung	Abnahme der Diversität und Stabilität des Agro-Ökosystems

kommt. Als hauptsächlich im Wintergetreide auftretende Arten werden sie zudem noch durch die heute üblichen Fruchtfolgen mit höherem Getreideanteil gefördert. Früher hat der erfahrene Landwirt die Unkräuter durch geeignete Fruchtfolgemaßnahmen unterdrückt, weil es Unkräuter gibt, die bevorzugt im Herbst zur Bestellung des Wintergetreides oder im Frühjahr zur Zeit des Hackfruchtanbaus keimen. Demzufolge werden von der Rhythmik des Kulturpflanzenanbaus her immer bestimmte Arten bevorzugt. Die frühere Fruchtfolge war deshalb ein Fruchtwechsel. Heute besinnt man sich auch wieder auf solche Dinge, die von der Natur gratis zu erhalten sind, und versucht, durch geeignete

Fruchtfolgestaffelungen eine übermäßige und einseitige Vermehrung gewisser Arten einzuschränken.

Die Lagerung von Getreide nach heftigen Unwettern brachte nicht selten erhebliche Ertragseinbußen mit sich. Es war deshalb nicht verwunderlich, daß in der Züchtung kurzstohige Sorten mit hohem Kornanteil angestrebt wurden. Ihr Anbau schuf aber zugleich sehr günstige Bedingungen für lichtliebende Unkräuter, vor allem für die zur Massenentwicklung neigenden und schwer bekämpfbaren Kamillen *Chamomilla recutita* und *Matricaria maritima.*

Hohe Düngergaben, sei es in Form mineralischer Düngemittel oder organischer Substanzen, wie Stallmist oder Gülle, sind entscheidende anthropogene Einflußgrößen für die Entwicklung der Kultur- und Wildpflanzenbestände. Schwachwüchsige Vertreter sandiger, mineralarmer Standorte haben unter solchen Bedingungen meist keine Chance für ein weiteres Gedeihen. So werden dann auch Bauernsenf *(Teesdalia nudicaulis)*, Lämmersalat *(Arnoseris minima)*, Kahles Ferkelkraut *(Hypochoeris glabra)* und viele andere selten und gehören heute zu den gefährdeten Arten. Dafür gelangten aber Vogelmiere *(Stellaria media)*, Weißer Gänsefuß *(Chenopodium album)*, Zurückgebogener Amarant *(Amaranthus retroflexus)*, Einjähriges Bingelkraut *(Mercurialis annua)* oder Hühnerhirse *(Echinochloa crus-galli)* als stickstoffliebende Arten zur verstärkten Entwicklung. Wie sich in Versuchen ergab, werden diese Arten bei gestaffelter Stickstoffgabe bevorzugt. So ließ sich die Vogelmiere *(Stellaria media)* bis zu einer Gabe von 100 kg/ha stark fördern; ähnlich verhielt sich auch das Klettenlabkraut *(Galium aparine)*, ein im Getreide- und Hackfruchtanbau häufiges Problemunkraut. Das Einjährige Bingelkraut *(Mercurialis annua)* erreichte sogar erst bei einer Düngergabe von 160 kg/ha das Optimum seiner Entwicklung. Einer solchen Konkurrenz können schwachwüchsige Arten von sandigen Standorten nicht standhalten. Der Ackerspark *(Spergula arvensis)* vermochte in Versuchen nur bis zu einer Stickstoffgabe von 40 kg/ha mitzuhalten, war aber in höheren Bereichen eindeutig unterlegen. Das erhöhte Stickstoffangebot kann also nicht in gleichem Maße von allen Arten genutzt werden. Das führt logischerweise zu einer Artenverschiebung, bei der letztlich solche Unkräuter übrigbleiben, die in ähnlicher Weise wie die Kulturpflanze vom Nährstoffangebot profitieren oder ihr sogar überlegen sind.

Die Anwendung von Herbiziden oder – wie exakt definiert wird – von chemischen Wirkstoffen zur Bekämpfung unerwünschter Unkräuter, versprach zunächst guten und bleibenden Erfolg. Mit den 1941 entdeckten und gleich nach dem zweiten Weltkrieg produzierten Wuchsstoffherbiziden auf der Basis der

Phenoxyessigsäurepräparate 2,4-D und MCPA lassen sich die stark konkurrierenden, breitblättrigen Arten Hederich *(Raphanus raphanistrum)*, Ackersenf *(Sinapis arvensis)*, Ackerhellerkraut *(Thlaspi arvense)* oder Gänsedistel *(Sonchus oleraceus)* gut bekämpfen. Die Wirkstoffe werden über das Blatt aufgenommen und im Stoffkreislauf leicht abgebaut, so daß mit keinen ernsthaften Nachfolgeschäden zu rechnen ist. Auch sind sie ausreichend selektiv, d. h., sie schädigen bestimmte Kulturpflanzen wie das Getreide von einem gewissen Zeitpunkt ihrer Entwicklung ab nicht wesentlich. Für den Fall, daß ein Wirkstoff bei einigen Kulturpflanzen Wachstumsschädigungen hervorruft, hat man Auswahlherbizide zur Verfügung. So können im Hafer *(Avena sativa)* 2,4-D Präparate nicht zur Anwendung gelangen; dafür stellen aber Herbizide auf MCPA-Basis oder Kombinationspräparate mit anderen Wirkstoffen geeignete Mittel dar.

Es war zudem sehr bedeutsam, daß in der Folgezeit für schwer bekämpfbare Arten, wie Vogelmiere *(Stellaria media)* oder Klettenlabkraut *(Galium aparine)* weitere Wuchsstoffherbizide auf Phenoxypropionsäurebasis (Mecoprop, Dichlorprop) zur Verfügung standen. Gefährliche Unkrautkonkurrenz war damit spürbar zu beseitigen, und das bei relativ geringem Arbeitsaufwand. Nun ließ sich der Rückgang von Arbeitskräften in der Landwirtschaft kompensieren, besonders nachdem seit Ende der fünfziger Jahre auch andere Kulturen, wie Zuckerrübe, Kartoffel, Gemüse und Mais, in die chemische Behandlung einbezogen werden konnten. Es war auch möglich geworden, auf die inzwischen produzierten Bodenherbizide aus den Gruppen der Carbamate, Triazine und Harnstoffderivate zurückzugreifen. Deren Ausbringung ist denkbar einfach; sie geschieht nämlich im Vorauflauf, d. h., das Herbizid wird vor dem Erscheinen der Kulturpflanze auf das bestellte Feld gespritzt, wobei die Unkräuter beim Keimen geschädigt werden und nicht auflaufen.

Die Wirkung der Herbizide ist natürlich nicht gegen alle Unkräuter gleich gut. Es gibt Wirkungslücken, von denen manche Arten gewaltig profitieren. Die Phenoxyessigsäuren sparen in ihrer Wirkung eine ganze Reihe von Unkräutern aus, an erster Stelle Vogelmiere *(Stellaria media)* und Klettenlabkraut *(Galium aparine)*, aber auch Efeuehrenpreis *(Veronica hederifolia)*, Kamillearten *(Chamomilla recutita, Matricaria maritima, Anthemis arvensis)* und alle Wildgräser, wie Gemeine Quecke *(Elytrigia repens)*, Gemeiner Windhalm *(Apera spica-venti)*, Flughafer *(Avena sativa)* oder Hirsen *(Digitaria ischaemum, Echinochloa crus-galli, Setaria viridis, Setaria pumila* u. a.). Auch bei den anderen Herbiziden gibt es Wirkungslücken. So treten nach vorherrschendem Triazineinsatz im Mais große Probleme mit Wildgräsern auf, in erster Linie wieder mit

15 Die Kornrade *(Agrostemma githago)* – eine durch Saatreinigung bedrohte Art

16 Das Kleinblütige Franzosenkraut *(Galinsoga parviflora)* – ein lästiges Unkraut besonders auf Hackfruchtäckern

17 Einsatz von Herbiziden in einer »ausgeräumten« Landschaft der Magdeburger Börde

18 Die Roggentrespe *(Bromus secalinus)* – ein heute sehr seltenes Acker-wildgras

19 Lichter Ackerrand ohne Herbizideinwirkung mit Echter Kamille *(Cha-momilla recutita)*, Kornblume *(Centaurea cyanus)* und Klatschmohn *(Papaver rhoeas)*

20 Feldflorareservat Unterböhringen bei Geislingen (Baden-Württemberg), links Dinkelweizen mit Kornrade *(Agrostemma githago)*, rechts Hafer

21 Rundblättriges Hasenohr *(Bupleurum rotundifolium)* und Klatschmohn *(Papaver rhoeas)* im Feldflorareservat Beutenlay bei Münsingen

22 Ackerrandstreifen mit Klatschmohn *(Papaver rhoeas)* und Geruchloser Kamille *(Matricaria maritima)* am Heeseberg im Kreis Helmstedt mit angrenzender Hecke

23 Roggenacker mit Klatschmohn *(Papaver rhoeas)* und Kornblume *(Centaurea cyanus)* im Feldflorareservat Leinhöhensande bei Brainkofen (Ostalbkreis)

24 Randstreifen mit vorherrschender Geruchloser Kamille *(Matricaria maritima)* am NSG Sandberge im Kreis Helmstedt

25 Stillgelegte Ackerfläche im Saalkreis nördlich von Halle mit Geruchloser Kamille *(Matricaria maritima)*

26 Aus der Sammlung der Genbank des Instituts für Kulturpflanzenfor-
schung in Gatersleben: *Papaver rhoeas × glaucum*

27 Wildpflanzen im Botanischen Garten der Brandenburgischen Landeshochschule Potsdam, vorn links Wilde Malve *(Malva sylvestris)*, vorn rechts Echter Eibisch *(Althaea officinalis)*

Hirsen, die bekanntlich erst bei höheren Temperaturen zur Zeit der Bestellung dieser wärmeliebenden Kulturfrucht keimen.

Es ist nicht verwunderlich, daß es schließlich zur Auslese herbizidresistenter Sippen bei Unkräutern kam. Schon seit einigen Jahrzehnten wird über dieses Phänomen berichtet. Inzwischen soll bei mehr als 48 Unkrautarten Herbizidresistenz vorliegen, darunter bei der Vogelmiere *(Stellaria media)*, der Ackerkratzdistel *(Cirsium arvense)*, beim Weißen Gänsefuß *(Chenopodium album)*, Flughafer *(Avena fatua)* und anderen Arten. In der absoluten Mehrzahl der Fälle trat die Resistenz nach wiederholtem Triazineinsatz auf. Also sind solche Kulturen und Fruchtfolgen gefährdet, in denen ein häufiger Einsatz der Wirkstoffe Simazin, Atrazin, Ametryn, Prometryn und Desmytrin erfolgt. Mais, Wintergerste, Winterweizen, Kartoffel, Lupine, Gemüse, Obst- und Weinertragsanlagen sind solche gefährdeten Kulturen.

Sehr gut ist die Resistenz am Weißen Gänsefuß *(Chenopodium album)* untersucht worden. Diese Art hat unter allen resistenten zweikeimblättrigen Unkräutern einen Anteil von 20 % und repräsentiert damit die höchste Zahl der bekanntgewordenen Fälle. Der Weiße Gänsefuß ist wegen seiner großen Häufigkeit und Formenvielfalt geradezu für die Auslese solcher resistenten Typen prädestiniert. Die resistenten Sippen gehören zur Subformengruppe *corymbosum* und zur Form *glomerulosum*, die trugdoldige bzw. scheinrispige Blütenstände haben. Diese Formen unterscheiden sich auch im Herbizidexperiment von der scheinährigen Form *album* durch höhere Überlebensraten.

Herbizidresistenz ist bisher in 17 Ländern bekannt beworden. In Europa wurden entsprechende Beispiele aus Großbritannien, Frankreich, Italien, Österreich, aus der Schweiz, aus Deutschland, Ungarn und den Niederlanden berichtet. In diesen Ländern betreibt man einen intensiven Pflanzenbau mit umfangreichem Herbizideinsatz. Seit 1984 werden jährlich etwa 15 neue Fälle von Herbizidresistenz in der Literatur beschrieben, eine erschrekkende Bilanz, die sicher noch weiter anhalten wird, wenn man dem Problem nicht ernsthaft zu Leibe rückt.

Herbizidresistente Populationen werden besonders innerhalb formenreicher Arten, wie wir es am Beispiel des Weißen Gänsefußes kennengelernt haben, ausgelesen. Dieser Prozeß wird durch Herbizide gefördert, die einen spezifischen Wirkungsmechanismus haben, über längere Zeit im Boden verbleiben und häufig zur Anwendung gelangen. Gerade das ist beim Einsatz von Triazinen der Fall, auf die in der Fruchtfolge in Form der verschiedensten Präparate zurückgegriffen wird. Deshalb sollte alles vermieden werden, was diesen Prozeß fördert. Vor allem muß man resistente Sippen frühzeitig erkennen und in geeigneter Form, unter Umständen sogar mit anderen Herbiziden, bekämpfen. Auf jeden Fall sollte verhindert werden, daß der Boden über längere Zeit mit Diasporen von resistenten Biotypen infiziert wird. Herbizidresistenz kann natürlich nur mit speziellen Methoden nachgewiesen werden. Verdacht ist immer dann gegeben, wenn ein Unkraut mit einem bisher geeigneten Herbizid nicht mehr bekämpft werden kann.

Nachdem der Pflanzenschutz über Jahrzehnte von der Chemie geprägt wurde, sucht man nun nach neuen Methoden. Integration ist das erlösende Wort und Integrierter Pflanzenschutz das neue System. In ihm sollen alle wirtschaftlich, ökologisch und toxikologisch vertretbaren Methoden in ihrer Gesamtheit genutzt werden, um Schaderreger und damit auch Unkräuter unter einer bestimmten Schadensschwelle zu halten. Nicht die Eliminierung der Schadorganismen, sondern ihre Einschränkung auf ein wirtschaftlich zu tolerierendes Maß bei größtmöglicher Schonung der Umwelt und natürlicher Gegenspieler gelten als Zielvorstellung. Natürliche Begrenzungsfaktoren, die lange Zeit vergessen schienen, sollen wieder stärker beachtet werden. Dazu gehören geeignete Fruchtfolgen, mechanische Pflege der Kulturfrüchte, vielseitige Bodenbearbeitung mit Schälfurche, Stoppelsturz bzw. mehrmalige Stoppelbearbeitung, Anbau von Sommerzwischenfrüchten sowie eine Förderung der natürlichen Feinde durch Anbau und Pflege von Hecken und Feldgehölzen. Die biologischen und chemischen Bekämpfungsmaßnahmen sind genau aufeinander abzustimmen und richtig zu dosieren, es sind eine wohlüberlegte, der Kulturpflanzenentwicklung angepaßte Düngung, standortverbessernde Melioration und vieles mehr durchzuführen, um unsere Wildpflanzen zu schützen und zur Stabilisierung der Kulturpflanzenerträge beizutragen.

Aber chemische Pflanzenschutzmaßnahmen sind in der derzeitigen Situation und sicher auch in nächster Zukunft zur optimalen Regulierung der Schaderregerdichte unerläßlich. Doch müssen sie auf das unbedingt notwendige Maß reduziert werden. Diese Forderung stellt sich für alle Länder, insbesondere aber für die Industrienationen, in denen heute schon genügend modernere Verfahren erprobt werden. Stärker eingeschränkt muß vor allen Dingen die Vorauflaufbehandlung mit Herbiziden werden, weil damit eine gezielte Bekämpfung der Unkräuter nicht möglich ist. Erfolgversprechend ist die Senkung der Herbiziddosis. Es zeigte sich, daß bei einer Halbierung der Aufwandmenge in der Regel nur geringe Wirkungsverluste eintreten. Die zweimalige Ausbringung der halben Dosis zu verschiedenen Zeitpunkten der Unkrautentwicklung führt in vielen Fällen sogar zu einer Wirkungssteigerung gegenüber der einmaligen Herbizidanwendung. Es sind also ganz

Tabelle 12:
Bekämpfungsrichtwerte (Pflanzen/m²) zur Entscheidung über Herbizidbehandlung in Getreidekulturen (nach Roder, Feyerabend und Pallutt)

Deutscher Name	Wissenschaftlicher Name	Winter-gerste	Winter-weizen	Winter-roggen	Sommer-gerste	Hafer
Unkraut insgesamt		30–50	40–70	60– 80	60–80	80–120
Vogelmiere	*Stellaria media*	20–30	30–40	50– 70	–	–
Efeuehrenpreis	*Veronica laderifolia*	–	–	60–100	–	–
Geruchlose Kamille	*Matricaria maritima*	15–30	20–40	–	–	–
Echte Kamille	*Chamomilla recutita*	30–40	40–60	–	–	–
Feldstiefmütterchen	*Viola arvensis*	40–80	–	80–100	–	–
Gemeiner Windhalm	*Apera spica-venti*	10–15	10–20	15– 25	–	–
Klettenlabkraut	*Galium aparine*	1	1	2	2	2

offensichtlich noch viele Möglichkeiten vorhanden, um die herbizide Potenz der einzelnen Wirkstoffe auszuschöpfen. Man kann sie auch mit anderen Präparaten und Flüssigdüngern in Tankmischungen vereinen und gemeinsam ausbringen.

Bei der anzustrebenden Senkung des Behandlungsumfangs sind die in den letzten Jahren erarbeiteten Bekämpfungsrichtwerte bzw. Schadschwellen von Bedeutung (Tab. 12). Sie geben an, wieviel Unkräuter je Quadratmeter toleriert werden können. Die Bonituren müssen im Keimlingsstadium der Unkräuter erfolgen. Wenn der Richtwert überschritten ist, wird eine Bekämpfung empfohlen, weil mit einem Ertragsverlust von mehr als 1 dt/ha gerechnet werden muß. Anderenfalls erübrigt sich eine Ausbringung der Herbizide.

So lassen sich heute viele Fragen neu beantworten. Die Intensivierung kann nur unter vernünftiger Nutzung der natürlichen Ressourcen erfolgen und muß ökologische Gesichtspunkte mehr als zuvor einschließen. Das betrifft auch die Stickstoffdüngung, die bei unsachgemäßer Anwendung und zu hoher Dosierung große Gefahren für unsere Umwelt in sich birgt, weil überschüssige, von der Pflanze nicht aufnehmbare Mengen über Vorfluter in die Gewässer gelangen und dort zu schwerwiegenden Eutrophierungsprozessen führen. Ganz abgesehen davon ist bekannt, daß hohe Stickstoffgaben den pflanzlichen Stoffwechsel belasten und zur Ausbildung unerwünschter, wenig standfester Sprosse führen. Wir sollten also immer wieder nach neuen Denkansätzen suchen, keinesfalls aber an alten, vielleicht schon liebgewordenen Gewohnheiten festhalten. Die hohen Erwartungen an eine weitere Ertragszunahme bei steigender Stickstoffdüngung ließen sich in vielen Versuchen nicht erfüllen, da kein linearer Zusammenhang zwischen Düngung und Ertrag nachgewiesen werden konnte. Die Ertragskurve wird vielmehr in ihrem oberen Bereich ab etwa 120 kg/ha immer flacher, so daß für eine Ertragssteigerung von 10 % ein um etwa 40 % höherer Düngeraufwand nötig ist. So nehmen trotz weitgehend gleichbleibender Stickstoffdüngung die Getreideerträge ständig zu. Sicher ist das aber nur der Fall, weil in den letzten Jahren verbesserte pflanzenbauliche Maßnahmen angewendet wurden, die insgesamt umweltfreundlicher sind und die Biozönose schonen.

Der Acker als Ökosystem

Unkräuter als Elemente des Ökosystems

Bei Wanderungen in unzugänglichen Hügellandschaften sind uns möglicherweise schon kleinere Ackerflächen aufgefallen, die »aufgelassen« schienen, weil in letzter Zeit keine Kulturfrüchte angebaut wurden. Sehr häufig handelt es sich dabei um Splitterflächen, die etwas entfernt vom Dorf liegen und wegen ihrer extremen Hanglage Schwierigkeiten bei der Bewirtschaftung mit Großgeräten bereiten. Der Naturfreund ist von solchen Inseln inmitten einer intensiv genutzten Landschaft zumeist recht begeistert, bieten sie doch während des ganzen Jahres eine Fülle schön blühender Arten. Viele meinen, auf diese Art und Weise sei auch ein Weg gefunden, seltene, vom Aussterben bedrohte Arten zu erhalten. Das mag für bestimmte Standorte wie im Bereich des Kalkhügellandes in einem gewissen Maße zutreffen, weil die steinreichen, trockenen Biotope eine Ähnlichkeit mit den Steppengebieten Vorderasiens haben, aus denen bekanntlich ein großer Teil unserer Unkräuter stammt. Trotzdem ist zu bedenken, daß Mitteleuropa ein potentielles Waldgebiet darstellt und die Vegetation über kurz oder lang einem relativ stabilen und dauerhaften Klimaxstadium zustrebt. Das kann jedoch nur eine bestimmte Waldgesellschaft sein, wenn man von extremen, steilen Hängen oder anderen Sonderstandorten absieht, wo aber ohnehin kein Ackerbau betrieben wird. Äcker sind als offene Biotope ohne Bewirtschaftung auf die Dauer nicht zu erhalten, schon gar nicht in ebener Lage, wo sich bei uns über verschiedene Gebüschstadien sehr bald ein geschlossener Wald einstellen würde. Wie wir sehen, liegt diesem Geschehen eine gewisse Dynamik zugrunde. An einem Ort vermag eine Pflanzengesellschaft die andere abzulösen, ihr gewissermaßen zu folgen. Dieser in der Natur immer wieder zu findende Prozeß heißt Sukzession. Das Wort leitet sich vom lateinischen Verb *succedere* ab, was mit nachrücken, folgen und ablösen übersetzt werden kann. In unserem Beispiel handelt es sich um eine sogenannte sekundäre Sukzession, bei der ein ehemaliger Zustand, nämlich der Wald, wieder hergestellt wird. Im Gegensatz dazu bezeichnet man die Besiedlung einer neuentstandenen offenen Fläche, wie einer Vulkaninsel oder einer Halde, als primäre Sukzession.

Äcker und andere anthropogen bedingte Lebensgemeinschaften, wie Wissen und Weiden, bedürfen also der Pflege des Menschen. Diese sogenannten Agroökosysteme unterscheiden sich von natürlichen oder naturnahen Ökosystemen, also von Wäldern, Steppen, Wüsten, Seen oder Meeren, durch einen hohen Grad an Instabilität. Der Mensch entnimmt aus dem Agroökosystem ständig potentielle Nährstoffe in Form von Biomasse als Ernteprodukt. Zur Aufrechterhaltung des Systems müssen daher diese Stoffe in irgendeiner Weise zurückgeführt werden, sei es durch organische und anorganische Düngung oder andere Maßnahmen zur Bodenverbesserung, wie Seeschlammzuführung, Kompostbereitstellung und dergleichen. Damit ist natürlich ein ständiger Energieaufwand verbunden, der noch in dem Maße erhöht wird, wie die verschiedensten Methoden der Unkrautbekämpfung, insbesondere mit Herbiziden, Anwendung finden.

Eine vollständige Verdrängung der Unkräuter aus dem Kulturfruchtbestand ist daher weder sinnvoll noch vom Energieaufwand her vertretbar. Unkräuter sind Elemente oder Kompartimente des Ökosystems, und zwar gehören sie mit den Kulturpflanzen zu den Produzenten (Abb. 40). Sie sind als grüne, chlorophyllhaltige Pflanzen gewissermaßen die erste Schaltstelle im Ökosystem und als Primärproduzenten in der Lage, die Sonnenenergie zu nutzen und in biologisch verwertbare chemische Energie umzuwandeln. Als autotrophe Organismen bauen sie im Prozeß der Photosynthese aus den anorganischen Stoffen Kohlendioxid und Wasser das energiereiche Assimilationsprodukt Glukose (Traubenzucker) auf, das letztlich als Ausgangsprodukt aller übrigen Kohlenhydrate, aber auch der Fette, Eiweiße und sonstigen organischen Kohlenstoffverbindungen anzusehen ist. So wird das Leben auf der Erde allein von der Sonnenstrahlung gespeist und über die Biomassebildung bei der Photosynthese ein Stoffkreislauf und Energiefluß in Gang gesetzt, von dem alle übrigen Organismen abhängen.

Die nächste Gruppe sind die Konsumenten. Zu ihnen gehören die Tiere und andere heterotrophe, d. h. in der Ernährung unselbständige Lebewesen. Sie leben in der Nahrungskette von jener organischen Substanz, die auf der ersten Trophiestufe von den autotrophen Pflanzen, den Primärproduzenten, aufgebaut wurde. Dabei sind die Nahrungsbeziehungen vielfältig. So können in

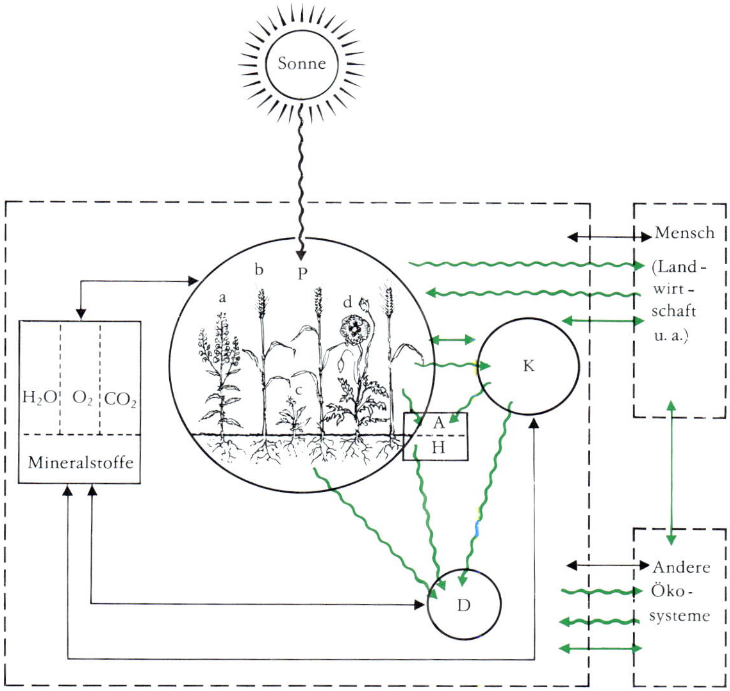

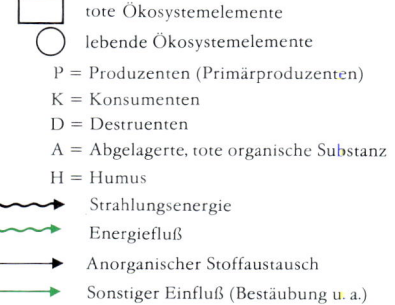

Sonne

Mensch
(Land-
wirt-
schaft
u. a.)

H₂O | O₂ | CO₂

Mineralstoffe

b   P
a   d
c
A
H
K
D

Andere
Öko-
systeme

☐ tote Ökosystemelemente

◯ lebende Ökosystemelemente

P = Produzenten (Primärproduzenten)

K = Konsumenten

D = Destruenten

A = Abgelagerte, tote organische Substanz

H = Humus

〜〜〜 Strahlungsenergie

〜〜〜 Energiefluß

◀——▶ Anorganischer Stoffaustausch

◀——▶ Sonstiger Einfluß (Bestäubung u. a.)

a = Ackerhellerkraut (Thlaspi arvense)   c = Jungpflanze von Ackerhellerkraut

b = Winterweizen (Triticum aestivum)   d = Klatschmohn (Papaver rhoeas)

Abb. 40   Agro-Ökosystem

Agroökosystemen besonders Blattläuse als herbivore oder phytophage, d.h. sich von lebender Pflanzensubstanz ernährende Organismen an erster Stelle innerhalb der Konsumenten stehen. Sie dienen karnivoren oder zoophagen, also von tierischer Substanz lebenden Vertretern, wie den Marienkäfern (Coccinellidae), bestimmten Florfliegen (Chrysopidae), Wanzen (Heteroptera), Ohrwürmern (Dermaptera), Schnell- und Weichkäfern (Elateridae und Cantharidae), als Nahrung, die damit als Konsumenten zweiter Ordnung agieren. Diese Nahrungskette kann weiter über Kleinvögel, Greifvögel und andere Prädatoren oder Räuber fortgeführt werden, so daß man von Konsumenten dritter und vierter Ordnung spricht. An der Spitze einer solchen Nahrungspyramide stehen Greifvögel oder Raubtiere, die ein großes Beuterevier beanspruchen.

Die wirklich existierenden Nahrungsbeziehungen unter den Arten lassen sich nur schwer erfassen. Sie stellen sich oft in einem eng verwobenen Nahrungsnetz dar und sind für viele Ökosysteme noch nicht im einzelnen bekannt. Die Analyse wird außerdem erschwert, da ausgesprochene Nahrungsspezialisten unter den Tieren selten vorkommen.

Auf der letzten Trophie- und Ernährungsstufe des Ökosystems befinden sich die Destruenten. Es handelt sich vornehmlich um Bakterien, Pilze und Bodentiere, die als Reduzenten tote organische Substanz abbauen und zu den anorganischen Ausgangsstoffen mineralisieren. Andererseits können sie auch anderen Organismen im Rahmen der Sekundärproduktion als Nahrung dienen.

So besteht eine der Hauptfunktionen des zu seiner Umwelt offenen Ökosystems im Kreislauf der Stoffe und des damit verbundenen Energieflusses. Sehr einfach definiert, stellt ein Ökosystem eine Einheit der Umwelt dar, in der durch einen gegebenen Energiefluß eine Organismengemeinschaft aufrechterhalten wird, die durch bestimmte trophische Strukturen oder Ernährungsstufen, nämlich der Produzenten, Konsumenten und Destruenten, gekennzeichnet ist.

Der Umfang eines Ökosystems ist nicht a priori festgelegt. Er richtet sich vielmehr nach der Zielstellung der Untersuchung oder Betrachtung. So kann ein Acker unterschiedlicher Größe, eine Wiese oder ein ganzer Landschaftskomplex mit Wäldern, eingestreuten Ackerflächen, kleinen Siedlungen und Gewässern ein Ökosystem darstellen. Aber auch die ganze Erde wird als ein einziges großes Ökosystem verstanden.

Ökosysteme sind in einem bestimmten Umfang zur Selbstregulation fähig. Voraussetzung dafür ist ein intakter, nicht unterbrochener Kreislauf der Stoffe und ein ständiger Energiefluß, der durch die auf den Boden auftreffende Sonnenstrahlung und die von ihm wieder in die Umwelt abgegebene Wärme charakterisiert wird.

In Ökosystemen herrscht ein dynamisches Gleichgewicht. Es ist um so stabiler, je enger die einzelnen Arten miteinander korreliert sind, was in der Regel erst nach langer Entwicklung eintritt. Deshalb sind alte Ökosysteme wie der tropische Regenwald durch eine Vielzahl intakter Regelkreise charakterisiert und damit außerordentlich stabil. Junge Forstökosysteme mit wenigen Arten sind dagegen sehr anfällig und wenig belastbar, eine Tatsache, die immer wieder bei Schaderregerkalamitäten deutlich wird.

Sehr instabil sind natürlich auch Agroökosysteme. Sie werden mannigfachen Störungen durch Bodenbearbeitung, Aussaat und Pflege der Kulturfrucht, Düngung, Schädlings- und Unkrautbekämpfung, Ernte und damit verbundenem Biomasseentzug ausgesetzt. Fallen die Störungen weg, so geht der Acker als Weizen-, Rüben- oder Kartoffelfeld verloren, es entwickelt sich im Laufe der Sukzession über eine Rasengesellschaft ein stabiles Waldökosystem. Nun hängt es von der Art der Betrachtung ab, ob die soeben genannten agrotechnischen und agrochemischen Maßnahmen bei der Bestellung und Pflege der Kulturfrucht als Störgröße angesehen werden müssen oder ob sie umgekehrt als notwendige Eingriffe zur Erhaltung des Agroökosystems zu gelten haben.

Es sollten deshalb alle Maßnahmen wohl bedacht und hinsichtlich des Energieaufwandes sparsam erfolgen. Unkräuter können nach all dem, was über Agroökosysteme ausgeführt wurde, gar nicht mehr summa summarum abwertend als Unkräuter bezeichnet werden, da ihnen als Produzenten eine wichtige Funktion im Nahrungsgefüge zukommt. Ihre uneingeschränkte Vernichtung würde gleichsam eine Zerstörung vieler intakter Regelmechanismen bedeuten, die sich in den zurückliegenden Phasen der Ackerbaukultur herausgebildet haben. Zu wenig ist uns darüber bekannt, denn die Forschungen stehen zu dieser Problematik weltweit erst am Anfang. Soviel weiß man allerdings schon nach den ersten Untersuchungen: eine tiefgreifende Veränderung der Unkrautflora hat gleichzeitig auch Beeinflussungen der übrigen Ökosystemglieder zur Folge. Allein im abiotischen Teil ergeben sich Veränderungen im Licht- und Feuchteregime des Standorts oder an dem Bodengare, die im allgemeinen ungünstiger wird. Im biotischen Bereich sind bisher in erster Linie indirekte Wirkungen erkannt worden, die bei Bodentieren zu Veränderungen in der Struktur der Nematoden- und Mikroarthropodengemeinschaften führten. Als Ursachen werden mikroklimatische Veränderungen wegen des geringeren Bedeckungsgrades des Bodens durch die Unkräuter sowie bodenphysikalische Beeinträchtigungen durch schwächere Durchwurzelung und Einengungen des

Nahrungsangebotes nach Ausfall von Wurzelrückständen der Unkräuter angesehen. Ebenso können herbizidbedingte Umschichtungen im Bakterien- und Pilzbesatz zu einer Beeinflussung des Nahrungsangebotes der Bodenfauna führen.

Stickstoffdüngung und Herbizideinsatz bewirken bei Bodenbakterien und -pilzen vor allem kurzfristige Beeinflussungen. Einige Mikroorganismenpopulationen reagieren mit einer Zunahme der Besiedlungsdichte, die offenbar in direkter Beziehung zur erhöhten Biomasse der Kulturfrucht und weniger stark geförderter Problemunkräuter steht. Eine ähnliche Stimulierung ergibt sich auch nach Herbizideinsatz, sicherlich auf Grund gesteigerter Aktivität beim Abbau des Herbizids. Tiefgreifende, langanhaltende Veränderungen der Mikrobiozönose sind nach den bisherigen Erkenntnissen bei höheren Herbiziddosierung und nach gehäuftem Einsatz schwer abbaubarer Wirkstoffe wie der Triazine zu erwarten.

Jede Erörterung der veränderten Ökosystembeziehungen bliebe aber unvollständig, würden wir nicht die Bedeutung der Unkräuter als Nahrungsgrundlage für die Insekten gebührend herausstellen. Die Unkräuter mit ihren teilweise sehr auffälligen Blüten halten Pollen und Nektar für ihre Besucher bereit. Besonders an letzterem sind die meisten Arten sehr interessiert, weil er als hochwertige Nahrungsquelle verschiedene Zucker, organische Säuren, Eiweiß, Vitamine und andere wichtige Stoffe enthält. Landwirte und Gärtner wären schlecht beraten, wenn sie Ödländer, Weg- und Feldränder unbedingt unkrautfrei halten wollten. Die durch Insektizid- und Herbizideinsatz ohnehin schon stark dezimierte Zahl von Insekten wäre dann einer weiteren wichtigen Nahrungsquelle beraubt. Mit solchen unüberlegten Maßnahmen, wie man sie heute leider noch entlang vieler Verkehrsstraßen beobachtet, gefährden wir nicht nur die Bestäubung wichtiger Kulturpflanzen, darunter auch der Obstbäume, sondern vernichten zugleich Raubinsekten, wie Blattlausschlupfwespen (Aphidiidae) oder Schwebfliegen (Syrphidae), die auf Pollen und Nektar angewiesen sind.

Die Förderung von Prädatoren durch Einschränkung der Unkrautbekämpfung ist für die Erhaltung des natürlichen Gleichgewichts außerordentlich wichtig. In Obstanlagen Kanadas führte eine Schonung der Wildpflanzen dazu, daß die Entwicklungsstadien des Ringelspinners *(Malacosoma americana)* bis zu 18mal häufiger durch Schlupfwespen parasitiert wurden als in vergleichbaren Plantagen ohne Wildpflanzen.

Alarmierend sind viele Mitteilungen, in denen auf fehlende Bestäuber im Kulturpflanzenanbau aufmerksam gemacht wird. Die Luzerne stellt wegen ihres hohen Rohproteingehaltes eine wichtige Futterpflanze dar. Ihre Vermehrung ist aber in vielen europäischen Ländern sehr gefährdet, weil die zur Bestäubung notwendigen Wildbienen, d. h. Erdhummeln *(Bombus terrestris, B. lucorum)*, Steinhummel *(Bombus lapidarius)*, Waldhummel *(Bombus silvarum)*, Sandbiene *(Andrena ovatula)*, Sägehornbiene *(Melitta leporina)*, Langhornbiene *(Eucera longicornis)* u. a., im Rückgang begriffen sind. Die Honigbiene *(Apis mellifera)* ist meist nur zu einem geringen Teil an der Bestäubung der Luzernepflanzen beteiligt. Wildbienen wurden jedoch in den letzten Jahrzehnten durch den Einsatz von Insektiziden, Herbiziden und anderen Fremdstoffen stark dezimiert. Es muß deshalb künftig alles verhindert werden, was einen weiteren Rückgang der Wildbienenfauna bewirkt und einem Aufbau neuer Wildpopulationen aus den verbliebenen Restbeständen im Wege steht. Da viele Bestäuber aus angrenzenden Biotopen anfliegen, sollten diese Habitate bei Flächennutzungsplanungen besondere Beachtung finden. Lichte Flurgehölze, extensiv genutzte Obstanlagen und angrenzende Rasenbiotope mit bunter, vielgestaltiger Wildkräuterflora bieten gute Nistmöglichkeiten für baum- und bodenbrütende Arten sowie ein reichhaltiges, kontinuierliches Nahrungsangebot außerhalb der Blütezeit der Luzerne.

Die großflächige Ausräumung der Agrarlandschaft mit dem damit verbundenen Schwund ökologisch wertvoller Hecken, Flurgehölze und Kleingewässer hat im Verein mit der Vergrößerung der Ackerschläge und Vereinheitlichung der Standorte zu umfangreichen Biotop- und Artenverlusten geführt (Abb. 41). Zahlreiche isoliert vorhandene Restgehölze und Gewässer büßten darüber hinaus viel von ihrer ökologischen Funktion ein, weil sie, weit voneinander entfernt, zwischen großen Ackerschlägen liegen, wodurch der notwendige Faunenaustausch erschwert oder sogar verhindert wird, denn viele Tiere haben nur einen begrenzten Aktivitätsradius.

Es verwundert deshalb nicht, daß anspruchsvolle Vogelarten, wie Birkhuhn *(Lyrurus tetrix)*, Großtrappe *(Otis tarda)*, Kornweihe *(Circus cyaneus)* oder Steinkauz *(Athene noctua)*, aus unserer Agrarlandschaft verschwunden sind oder nur noch in sehr kleinen Populationen vorkommen.

Der jahrzehntelange ungerichtete Herbizideinsatz und die hohe Stickstoffdüngung sind sicher zwei wesentliche Ursachen für den starken Rückgang der Ackerwildpflanzen. Damit ist aber gleichzeitig eine drastische Verminderung der Arthropodenfauna verbunden, weil mit der Vernichtung einer Wildpflanze mindestens drei Insektenarten ihre Nahrungsquelle und Existenzgrundlage verlieren. Durch den häufigen und leider immer noch großflächig vorgenommenen Einsatz von Insektiziden wird die

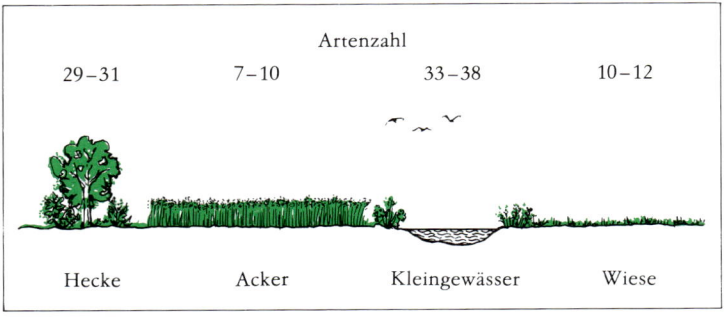

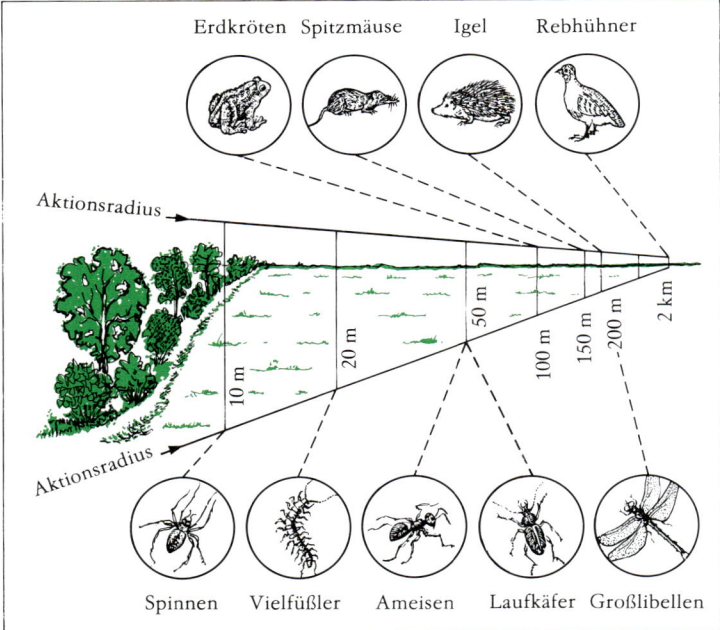

Abb. 41 Ökologische Funktion von Landschaftselementen (oben) und Ausstrahlung der in einem Feldgehölz siedelnden Zoozönose in umgebende Acker- und Grünlandflächen (verändert nach Litzbarski)

Vernichtung von Insekten noch verstärkt, so daß am Ende nur wenige Arten mit relativ weiter ökologischer Amplitude, wie das Tagpfauenauge *(Inachis io)*, der Kleine Fuchs *(Aglais urticae)* oder verschiedene Weißlinge (Pieridae), übrigbleiben.

Das relativ häufige Vorkommen solcher zum Teil als Kulturfolger anzusehenden Arten darf keinesfalls darüber hinwegtäuschen, daß die Arthropodenfauna unserer Agrarlandschaft außerordentlich verarmt ist. Im Verlauf der umfangreichen Forschungsarbeiten zum Schutz der Großtrappe *(Otis tarda)* in der Naturschutzstation Buckow (Brandenburg) wurde dieser Mangel besonders deutlich. Es stellte sich heraus, daß das unzureichende Nahrungsangebot in entscheidendem Maße zu der beklagten geringen Populationsdichte der Trappen führt. Im Unterschied zu den erwachsenen Tieren, die sich größtenteils von Pflanzen ernähren, nehmen Trappenküken bis zum 10. Lebenstag tierische Nahrung auf und werden von der Henne mit Spinnen und Unsekten gefüttert. Schon am 5. Tag benötigt ein Küken etwa 35 g Futter. Dabei werden Käfer und Heuschrecken bevorzugt, währenddessen Zweiflügler (Dipteren), die im Saatgrasland und anderen blütenarmen Kulturflächen häufig vorkommen, weitgehend ohne Bedeutung bleiben.

Die Ernährungssituation der Trappenküken ist bei der großen Tagesmenge an speziellen Insektengruppen überaus angespannt, werden doch in dieser kritischen Phase pro Tag etwa 800 Insekten von mindestens 5 mm Größe benötigt. Diese notwendige Arthropodendichte wird aber selbst in den Trappenschongebieten höchstens zu einem Drittel erreicht. Es sind deshalb von Mitarbeitern des Naturschutzes für diese Gebiete Bewirtschaftungsrichtlinien erarbeitet worden, die den Biotopschutz in all seinen Teilen zum Inhalt haben und die Sicherung des Lebensraumes der Großtrappen innerhalb der intensiv genutzten Agrarlandschaft gewährleisten sollen. Es wurden Maßnahmen erlassen, die neben einer erweiterten Wirtschaftsruhe besonders während der Fortpflanzungszeit detaillierte Vorschläge zur Entwicklung besserer Habitatstrukturen mit größerer Artenvielfalt beinhalten. Ein großer Teil der Maßnahmen strebt eine stärkere floristische Reichhaltigkeit und Insektenvielfalt an, um die Nahrungsgrundlage für die Trappenküken zu sichern. Dazu ist eine Begrenzung der Stickstoffgaben auf maximal 80 kg/ha vorgesehen, wodurch der Kräuteranteil in den Wiesen gegenüber den augenblicklich dominierenden Gräsern angehoben würde. Ebenso sollen Trappenfutterstreifen, die 1 % (ca. 30 ha) des jeweiligen Schongebietes einnehmen, mosaikartig verteilt sind und auf denen keinerlei Agrochemikalien zum Einsatz kommen, die Äsungsbedingungen während der Fortpflanzungsperiode verbessern. Auf Ackerflächen müssen diese Futterstreifen mindestens 30 m breit sein und sollen eine Fläche von 1 bis 3 ha einnehmen. Vorzugsweise mit Kreuz- und Schmetterlingsblütlern bestellt, sind sie ein besonders geeignetes Habitat für viele Insektenarten. Es wird auch eine für die Arthropodenfauna vorteilhafte Fruchtartenvielfalt durch die Verkleinerung der Schlaggrößen auf 30 ha und der Nutzungseinheit im Grünland auf 20 ha angestrebt.

Diese Maßnahmen können natürlich zu Ertragseinbußen und Mehrkosten führen. In solchen Fällen sind Ausgleichszahlungen an die Landwirtschaftsbetriebe vorgesehen. Am Beispiel des Großtrappenschutzes wird das Wechselspiel zwischen Ökologie und Ökonomie besonders deutlich. Wir sehen, daß Artenschutz nicht allein in Reservaten, sondern zum überwiegenden Teil in der vom Menschen genutzten Landschaft erfolgen muß. Dafür einzutreten und entsprechende Konzeptionen zu erarbeiten muß Anliegen von Ökologen und Landwirten zugleich sein.

Wirt für seltene Tiere

Der Name Unkraut hat etwas Abweisendes an sich. Wir meinen, daß es uns stört, scheinbar unnütz ist und deshalb bekämpft werden müßte. Doch wie zu erfahren war, kommt den Unkräutern eine ganz entscheidende Funktion im Ökosystem zu. Sind sie doch Nahrungs- und Wirtspflanzen für Insekten und damit wichtige Habitate oder Biotopstrukturen. Welche Bedeutung ihnen zuteil wird, geht allein schon aus den Namen mancher Insektenart hervor: Schlehengeistchen *(Pterophorus pentadactylus)*, Maiszünsler *(Ostrinia nubilalis)*, Grüne Meldeneule *(Trachea atriplicis)*, Nesselschnabeleule *(Hypena proboscidalis)*, Hauhechelbläuling *(Polyommatus icarus)*, Distelfalter *(Cynthia cardui)*, Großer Kohlweißling *(Pieris brassicae)* – die Reihe ließe sich beliebig fortsetzen, alle lassen deutliche Bezüge zum pflanzlichen Pollen- oder Nektarspender erkennen.

Die Ackerunkräuter gehören zum überwiegenden Teil den Angiospermae oder Bedecktsamern an, deren formenreiche Entfaltung mit der Entwicklung der artenstärksten Tiergruppe, den Insekten, seit der Kreidezeit einherging. Ausdruck dieser Koevolution sind der hohe Grad der Spezialisierung bei der Bestäubung und die Tatsache, daß etwa 85 % der Insekten Mitteleuropas in irgendeiner Weise in ihrem Lebenszyklus an bedecktsamige Pflanzen gebunden sind.

Bedecktsamig heißt, daß die Samenanlagen in einem Fruchtknoten eingeschlossen sind und nicht wie bei Nacktsamern, zu denen z. B. der Ginkgo oder die Kiefer gehören, frei auf der Samenschuppe liegen. Der Pollen wird deshalb zunächst von der klebrigen bzw. papillösen Narbe aufgenommen, keimt dort zum Pollenschlauch aus, der den Griffel durchdringt, wodurch ein sicherer Weg der männlichen Keimzellen zur Eizelle in der Samenanlage beschritten wird.

110

Dieser von Umwelteinflüssen weitgehend unabhängigen Befruchtung geht eine ebenfalls sicherer gewordene Bestäubung voraus. Bei den Nacktsamern (Gymnospermae) in allen Fällen noch vom Wind vollzogen, wird sie nunmehr größtenteils von verschiedenen Tieren besorgt, die den Pollen bei ihrem Blütenbesuch am Körper mitbringen.

Die zwittrige Angiospermenblüte brachte natürlich die große Gefahr der Selbstbestäubung (Autogamie) mit sich, die zur Inzucht mit all ihren negativen erblichen Folgen führt. Deshalb ist es nicht verwunderlich, daß bei Bedecktsamern alle möglichen blütenbiologischen Hindernisse bekannt sind, die einer Selbstbestäubung im Wege stehen und Fremdbestäubung fördern. Besonders Griffel und Narbe gelten als physiologische Filterstation und lassen den eigenen Pollen nicht keimen oder zur Samenanlage vordringen. Diese auf genetischer Inkompatibilität (Unverträglichkeit) beruhende Erscheinung wird durch mancherlei blütenbiologische Besonderheiten, die eine Selbstbestäubung erschweren bzw. verhindern, flankiert. So tritt bei Primeln (*Primula*-Arten), Gemeinem Blutweiderich *(Lythrum salicaria)* und anderen Vertretern Hterostylie auf. Dabei haben die Blüten zwei oder drei unterschiedliche Griffellängen und gegensätzliche Staubblattpositionen, so daß Narbe und Staubbeutel immer voneinander entfernt sind. Auch die bei den meisten Bedecktsamern vorkommende Vormännlichkeit (Proterandrie) oder die seltenere Vorweiblichkeit (Proterogynie), u. a. beim Wegerich *(Plantago)*, ermöglichen nur eine Fremdbestäubung, weil Narben und Staubblätter unterschiedlich reifen.

Ein Ausweg aus Selbstbestäubung und Inzucht wurde weiterhin durch die Geschlechtertrennung der Blüten in Form von Einhäusigkeit (Monözie) bzw. Zweihäusigkeit (Diözie) gefunden. Auch einige Unkräuter, wie die Weiße Nachtnelke *(Silene alba)* und die Große Brennessel *(Urtica dioica)*, können hierfür als Beispiel gelten.

Und trotzdem sind in den meisten Familien der Bedecktsamer im Laufe der Evolution wieder sekundär Sippen mit Selbstbestäubung entstanden. Darunter befinden sich viele Pionierpflanzen auf Inseln und kleinblütige, meist einjährige Unkräuter, wie Hirtentäschel *(Capsella bursa-pastoris)*, Klettenlabkraut *(Galium aparine)*, Gemeines Greiskraut *(Senecio vulgaris)*, Feldstiefmütterchen *(Viola arvensis)* und Stengelumfassende Taubnessel *(Lamium amplexicaule)*. Die beiden letztgenannten Vertreter neigen sogar zur Kleistogamie, d. h., bei ihnen wird die Bestäubung in der geschlossenen Blüte vollzogen. So läßt die Stengelumfassende Taubnessel besonders am Beginn und Ende der Blühperiode Kleistogamie erkennen. Bei Veilchen- und Sauerkleearten (*Viola* spec., *Oxalis* spec.) treten sowohl normale, offene als auch reduzierte, kleistogame Blüten an einer Pflanze auf.

Sicher ist es für Unkräuter, die mancherlei Streßfaktoren ausgesetzt sind, günstig, wenn sie unabhängig von tierischen Bestäubern rasch größere Populationen aufbauen können. Über die genetische Konstitution dieser Arten und deren modifikative Plastizität sind wir zur Zeit noch wenig informiert, wie überhaupt Untersuchungen zur Populationsökologie an Unkräutern erst am Anfang stehen und weiterer tiefgreifender Bearbeitung bedürfen.

So wie die Geschlechtertrennung ist auch die Windblütigkeit bei Bedecktsamern als sekundär anzusehen. Aber gerade unter den Unkräutern sind viele windblütige Arten. Die wegen ihrer weiten Verbreitung und großen Schadwirkung schon vielfach genannten Gräser, wie Gemeiner Windhalm *(Apera spicaventi)*, Flughafer *(Avena fatua)* oder Ackerfuchsschwanz *(Alopecurus myosuroides)*, zeichnen sich während der Blüte durch die auffällig aus dem Ährchen heraushängenden Staubbeutel und pinselförmigen Narben aus. Dabei muß eine Unmenge an Pollen produziert werden, um die Bestäubung und Befruchtung zu ermöglichen. Manch einer denkt mit Bangen an die Blütezeit der Gräser, weil er allergisch auf den Pollen bestimmter Arten reagiert.

Auch viele zweikeimblättrige Unkräuter sind von tierischen Bestäubern unabhängig. Sie haben wie die Gräser kleine, oft nur winzige Blüten. Wozu auch auffallen, man braucht ja niemanden anzulocken. Gänsefußarten (*Chenopodium* spec.), Ampferarten (*Rumex* spec.), Wermut *(Artemisia absinthum)* und andere blühen derartig unscheinbar.

Ganz anders ist das bei den Insektenblumen. Sie müssen immer auffällig sein, selbst wenn nur einfache Blütenformen vorliegen und lediglich Pollen angeboten wird. Solche Blüten weiden die Käfer (Coleoptera), wohl die ursprünglichsten Blütenbesucher, regelrecht ab.

Viel Pollen hält der Klatschmohn *(Papaver rhoeas)* bereit. Man spricht von 2,6 Millionen Pollenkörnern je Blüte, eine unvorstellbar große Menge! Die tiefroten Blütenkronen reflektieren das ultraviolette Licht. Somit können sie von den meist »rotblinden« oder doch zumindest in diesem Farbbereich sehschwachen Insekten gut erkannt werden, denn Insekten sehen Farben anders als wir, wie jeder Imker weiß.

Optische Reize sind für die Orientierung der Insekten beim Blütenbesuch neben chemischen Duftstoffen von größter Bedeutung. Was dem menschlichen Auge rein weiß oder undifferenziert gelb erscheint, kann für Bienen, Hummeln, Schwärmer und andere Insekten, an denen die Farbtüchtigkeit bisher eingehender untersucht wurde, auf Grund der UV-Reflexion recht gut unterschieden werden. Die Gemeine Nachtkerze *(Oenothera biennis)* hat solche stark UV-reflektierenden Blüten, die noch dazu abends und nachts besonders stark duften und deshalb von Nachtfaltern bestäubt werden. Manche Ruderal- und Segetalpflanzen, wie Weiße Nachtnelke *(Silene alba)* oder Ackerlichtnelke *(Silene nocti-flora)*, sind ebenfalls Nachtblumen. Der deutsche Name Nacht-nelke bzw. die wissenschaftliche Bezeichnung *noctiflora* verraten es uns.

Auch Farbzeichnungen, so der organgefarbene Gaumen der gelben Blüten vom Gemeinen Leinkraut *(Linarfia vulgaris)*, gelten als Wegweiser für die Insektenaugen. Solche »Saftmale« können manchmal wieder nur die UV-sehenden Insekten wahrnehmen; dem Menschen erscheint eine Sumpfdotterblume *(Caltha palustris)* rein gelb.

Begehrtes Produkt für die Insekten ist der Nektar, den die mei-sten Bedecktsamer in auffälligen Blüten anbieten. Er wird in Nek-tarien, die entweder umgebildete Staubblätter oder andere Gewe-beteile darstellen, produziert und ist im einfachsten Fall, so bei den Rosengewächsen, frei zugänglich. Bei stärker gegliederten Blüten liegt er dagegen in Blütenspornen, so beim Gemeinen Leinkraut *(Linaria vulgaris)*, oder in langen Röhren so bei der Ge-meinen Nachtkerze *(Oenothera biennis)*, verborgen. Entsprechend kann er dann nur von langrüsseligen Bienen oder Schmetterlingen erbeutet werden.

Geradezu »raffiniert« erscheint ein Hebelmechanismus bei der Salbei *(Salvia)*, der die Bestäubung in vollkommenem Maße zu si-chern vermag. Die Blütenbesucher drücken sich die Staubgefäße gewissermaßen selbst auf den Rücken, wenn sie an den Nektar ge-langen wollen (Abb. 42). Dabei wird ganz nebenbei Pollen zur Blüte gebracht und für die nächste mitgenommen.

Bei den Schmetterlingsblütlern (Fabaceae) sind mehrere Be-stäubungsarten bekannt. Im einfachsten Fall sorgt eine Klappvor-richtung dafür, daß das nektarsuchende Insekt auf seiner Körper-unterseite mit Pollen bepudert wird. Indem es sich auf der Blüte niederläßt, gibt der untere Teil nach, wodurch Staubblätter und Griffel gegen die Bauchseite des Insekts schnellen (Abb. 42). Diese Bestäubungsform ist bei der Esparsette *(Onobrychis)* und beim Klee *(Trifolium)* entwickelt.

So gibt es die unterschiedlichsten Anpassungen zwischen Blü-tenbau und Insekt. Man spricht einerseits von Käfer-, Fliegen-, Bienen-, Tagfalter- und Nachtschwärmerblumen, wenn man von den bestäubenden Insekten ausgeht, oder aber von Scheiben-, Be-cher-, Röhren-, Rachen-, Bürsten- oder Fallenblumen, wenn die Blütenform in ihrer Funktion charakterisiert werden soll.

Besonders auffällig sind Bienen- und Tagfalterblumen. Erstere

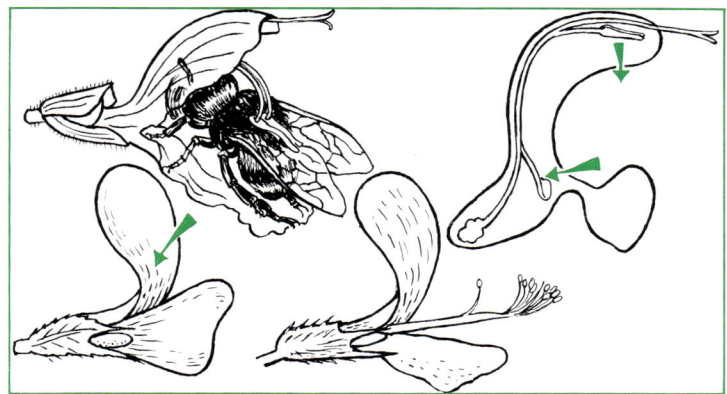

Abb. 42   Bestäubungsmechanismus bei der Salbei (oben) und bei Schmetterlingsblütlern (Esparsette, unten) (verändert nach Sedlag bzw. Kugler)

weisen meist einen dorsiventralen Bau auf, so wie es von Schmetterlings-, Lippen- und Rachenblütlern her bekannt ist. Die Blüten bieten einen guten Landeplatz für die anfliegenden Bienen und Hummeln, die von hier aus den im Innern verborgenen Nektar ausbeuten. Salbei *(Salvia)*, Taubnessel *(Lamium)* und Löwenmaul *(Antirrhinum)* sind bekannte Vertreter, die eine Vorstellung von Farbenvielfalt, Maskierung und Duft dieser Arten vermitteln. Tagfalterblumen haben enge Röhren und sind häufig karminrot. Viele Nelkengewächse (Caryophyllaceae), darunter die Kornrade *(Agrostemma githago)*, gehören dazu.

Wie gesagt – Wildpflanzen sind wichtige Habitate für Insekten. Allein an der Großen Brennessel *(Urtica dioica)*, einer bei vielen Gartenliebhabern nicht beliebten Pflanze, findet sich eine Menge von Arten. Brennesselwanze *(Heterogaster urticae)* und Brennessel-spitzmäuschen *(Apion urticarium)*, ein Rüsselkäfer, leben von ihr und entwickeln sich in ihrem Stengel. Groß ist die Zahl der Schmetterlinge, deren Raupen an der Wirtspflanze fressen. Weiße Tigermotte *(Spilosoma menthastrie)*, Messingeule *(Diachrysia chrysitis)*, Kleiner Fuchs *(Aglais urticae)*, Tagpfauenauge *(Inachis io)*, Trauermantel *(Nymphalis antiopa)*, Landkärtchen *(Araschnia levana)*, Admiral *(Vanessa atalanta)* u. a. können hier genannt werden.

Ein großer Teil der Blütenbesucher sammelt nicht wahllos; im Gegenteil, Blumenstetigkeit ist stärker ausgeprägt, als vielfach angenommen wird. Bei Hautflüglern (Hymenoptera) konnte sie u. a. bei der Holzbiene *(Xylocopa violacea)* beobachtet werden, die an Echtes Seifenkraut *(Saponaria officinalis)* gebunden ist. Auch Hummeln *(Bombus-*Arten) und Furchenbienen *(Halictus-*Arten) erwiesen sich beim Pollensammeln überaus blumenstet. So konnte herausgefunden werden, daß von den eingebrachten Pollenpaketen der weitaus größte Teil von ein oder zwei Futterpflanzen stammte. Sicher liegt in dieser Spezialisierung mancher Vorteil. Die Bestäuber können die ihnen zusagenden Blüten rationeller ausbeuten, und die Pflanzen erhalten den zur Befruchtung notwendigen, richtigen Pollen. Wir müssen achtgeben, daß dieses Gleichgewicht möglichst nicht gestört wird.

Reservate für Unkräuter

Gewünschte Wildpflanzen und unerwünschte Unkräuter

Unkraut ist nicht gleich Unkraut. Der Name ist recht schlecht gewählt. Auch im Französischen, wo »mauvaise herbe« schlechtes Kraut bedeutet oder in der englischen Sprache, in der man für Unkraut das Wort »weed« verwendet und mit dem Verb »to weed« das Jäten bzw. Ausrupfen bezeichnet, ist es nicht anders. Die Bezeichnungen im Spanischen, Italienischen oder Russischen weisen inhaltlich auf das »schlechte Kraut« hin.

Natürlich kann eine solche negative Bewertung kein Zufall sein. Unkräuter werden, soweit sie in Massen vorkommen, von jeher als Konkurrenten der Kulturpflanze betrachtet, weil sie deren Ertrag mindern oder bei der Ernte hinderlich sind. In bestimmten Fällen, so in Grün- und Parkanlagen, sind sie nur unerwünscht, denn sie stören das Bild und stehen dem ästhetischen Empfinden vieler Menschen entgegen. Die biologisch so bedeutsame Große Brennessel *(Urtica dioica)* mag hierfür als Beispiel gelten, aber ganz gewiß auch manche andere Wildpflanze, egal, ob sie auffällig blüht oder nicht. Ein Weg muß eben sauber sein, alles, was auf ihm wächst, ist Unkraut und wird allgemein als störend empfunden. Sicherlich ist hier von Fall zu Fall zu differenzieren. Es wäre grotesk, wenn man in einer gepflegten barocken Parkanlage »verunkrautete« Wege empfehlen würde. Dennoch sollten Grünanlagen wohlüberlegt gestaltet werden. Die heute vielerorts mit Steinplatten oder Bitumen versiegelten Wege in städtischen Randsiedlungen und Dörfern sind aus Gründen der besseren Begehbarkeit wahrscheinlich nicht in allen Fällen notwendig. Vom ökologischen Standpunkt ist jede Versiegelung der Landschaft abzulehnen, auch die neuartige Anlage von Friedhöfen mit teuren Gehwegplatten und kurz geschnittenen, pflegeaufwendigen Rasenrabatten. Gerade Friedhöfe alten Stils beherbergen eine Menge an

116

Pflanzen- und Tierarten und sind in größeren urbanen Bereichen wichtige Bestandteile jener ökologischen Korridore, die das Zentrum der Stadt mit ihrer grünen Außenwelt verbinden.

Viele Menschen lehnen heute das Wort Unkraut ab. Sie wollen damit auf ein neues Verständnis von Zusammenhängen in der Natur aufmerksam machen und möchten den stark belasteten Begriff Unkraut durch Wildkraut oder Wildpflanze, die beide wertfrei sind, ersetzt wissen. Die Frage ist nur, ob damit jedem gedient ist und ob es überhaupt eine andere treffende Bezeichnung gibt, die alles einschließt, was vorher mit Unkraut ausgedrückt war. Das inzwischen häufig verwendete Wort Wildkraut ist in seiner Aussage zu sehr eingeschränkt, da es die landwirtschaftlich bedeutsamen Gräser, die man auch als Ungräser bezeichnet, logischerweise ausschließt. Es müßte dann schon Wildpflanze heißen, weil diese Bezeichnung auf Kräuter und Gräser hinweist. Der Begriff ließe sich in der Forst- und Grünlandwirtschaft gut anwenden, wo all jene Arten, die nicht ausgesät oder angepflanzt werden, Wildpflanzen darstellen. Das träfe für Drahtschmiele *(Avenella flexuosa)*, Reitgrasarten *(Calamagrostis spec.)* oder Heidekraut *(Calluna vulgaris)* in forstlichen Schonungen zu und würde gleichfalls für Wiesenglockenblume *(Campanula patula)*, Wiesenmargarite *(Leucanthemum vulgare)* sowie Wolliges Honiggras *(Holcus lanatus)* im Intensivgrünland gelten, die als Begleit- oder Wildpflanzen nicht angebaut werden und sich aus dem natürlichen Diasporenvorrat im Boden entwickeln konnten. Soweit sie für das Vieh giftig sind, wie der Sumpfschachtelhalm *(Equisetum palustre)* oder die Herbstzeitlose *(Colchicum autumnale)*, werden sie sogar bekämpft.

Und doch ist der Begriff Wildpflanze unvollständig. Er schließt wie das Wort Unkraut die vorjährigen Kulturpflanzen nicht mit ein, die als störender »Durchwuchs« die Qualität des Ernteguts beeinträchtigen und zu Problemen bei der maschinellen Ernte führen. Unsere Kulturpflanzen werden von geringen Ausnahmen abgesehen als Monokulturen angebaut. »Durchgewachsene« Kulturpflanzen der vorhergehenden Kultur sind somit lästige Begleitpflanzen, die in Vermehrungskulturen sogar erhebliche ökonomische Schäden verursachen können.

In populationsbiologischer Sicht ist der Begriff Wildpflanze auch nicht in jedem Fall verwendbar. Weiter vorn hatten wir bereits auf die Koevolution von Unkraut und Kulturpflanze hingewiesen und zum Ausdruck gebracht, daß viele Unkräuter, darunter besonders die sogenannten Saatunkräuter, an die Bewirtschaftungsmaßnahmen angepaßt sind. Neuere Untersuchungen auf dem Gebiet der Populationsökologie unterstützen die Auffassung, daß viele Ackerunkräuter keine eigentlichen Wildpflanzen mehr sind, weil sie in ihrem Lebenszyklus deutliche Anpassungen an die Entwicklungsrhythmik der angebauten Kulturpflanze zeigen. Vielfach läßt sich bei einjährigen Arten eine deutliche Beschleunigung des Entwicklungszyklus erkennen. Ebenso gibt es Sippen, die frühzeitiger zur Keimung kommen oder vorzeitig nach Eintritt in das reproduktive Stadium ihre Entwicklung abschließen.

Wir sind nun eigentlich wieder am Anfang unserer Betrachtung. Wie vor Jahrtausenden gibt es gewünschte, vom Menschen angebaute Kulturpflanzen und unerwünschte, die Kulturfrucht begleitende Arten. Sie müssen, soweit sie den Ertrag beeinträchtigen, notwendigerweise in ihrem Wuchs eingeschränkt werden. Die Unzulänglichkeit der bisherigen agrotechnischen und agrochemischen Bekämpfungsmethoden besteht aber darin, daß mit den massenhaft auftretenden Unkräutern gleichzeitig auch jene seltenen Arten bekämpft werden, die aus ökologischen und kulturhistorischen Gründen geschützt werden sollten. Hier ergibt sich für die Zukunft ein großes Betätigungsfeld im Bereich der landwirtschaftlichen und ökologischen Forschung.

Vielfach wurde schon auf die landwirtschaftlich-ökonomische und biologisch-ökologische Bedeutung der Unkräuter aufmerksam gemacht. Der bekannte Landwirt und Unkrautbiologe Rademacher definierte den Begriff Unkraut in diesem Sinne bereits vor Jahrzehnten. Er schrieb: »Wirtschaftlich gesehen sind die Unkräuter Pflanzen, die unerwünschterweise auf dem Kulturland wachsen und dort mehr Schaden als Nutzen verursachen. Biologisch gesehen sind die Unkräuter Pflanzen, die gesellschaftsbildend mit den Nutzpflanzen zusammen auftreten, deren Kultur für sie erträglich, förderlich oder sogar lebensnotwendig ist.« Diese bereits 1949 getroffene Aussage gilt auch heute noch. Nach jahrelanger Intensivierung des Ackerbaus stellt sich jedoch die Frage nach der ökonomischen und ökologischen Bedeutung des Unkrauts in einer wesentlich ernsteren Form. Massenhaft auftretenden Unkräutern, die bekämpft werden müssen, steht eine große Zahl seltener Arten gegenüber, die in ihrem Bestand so stark reduziert sind, daß sie des dringenden Schutzes bedürfen.

So ist ein Disput über neue wertfreie Begriffe nützlich und notwendig. Er öffnet vielen den Blick für bisher nicht erkannte Zusammenhänge. Allein ein Suchen nach dem richtigen, besseren Begriff reicht nicht aus. Wir brauchen neue Denkansätze und ein neues, ungebrochenes Verhältnis zur uns umgebenden Natur. Wir müssen handeln, sofort und überlegt.

Unkräuter unter Schutz

Unkräuter unter Schutz zu stellen – ein solcher Gedanke war noch vor geraumer Zeit unvorstellbar. Orchideen und andere seltene Pflanzen müssen geschützt werden, aber wozu Unkräuter, sind sie wirklich so rar geworden? Wanderungen durch unsere Kulturlandschaft belehren uns hierüber. Wie angestrengt muß man heute nach Hederich *(Raphanus raphanistrum)* oder ähnlichen, früher massenhaft auf unseren Äckern vorkommenden Arten suchen, ganz abgesehen von immer schon selteneren Vertretern wie Flammenadonisröschen *(Adonis flammea)* oder Ackerleinkraut *(Linaria arvensis)*, die auf steinigen Kalkböden oder basenarmen Sandstandorten vorkommen. Die Gründe für die krasse Artenverarmung wurden bereits ausführlich dargelegt. Artenschutz ist zunächst erst einmal über einen sicheren Biotopschutz zu erreichen, und dazu müssen die entsprechenden Ökosysteme in ihrer wesentlichen Struktur und Funktion erhalten bleiben. Besonders gefährdet sind all jene Populationen von Wildpflanzen, die auf Grenzstandorten des Ackerbaus vorkommen. Diese Biotope, seien es nun flachgründige, steinige Muschelkalkverwitterungsböden in hängiger Lage oder bodensaure, wenig ergiebige Sandböden, lassen nur eine extensive landwirtschaftliche Nutzung zu und werden deshalb von den Landwirten aufgegeben oder durch bodenverbessernde Maßnahmen einer intensiveren Bewirtschaftung zugeführt. Das gleiche geschieht auch mit feuchten Senken, die durch hydromeliorative Eingriffe verlorengehen, was wiederum das Verschwinden oder die Gefährdung von Feuchtezeigern, wie der Saatschuppenmiere *(Spergularia segetalis)*, des Zwergleins *(Radiola linoides)* oder des Gelbweißen Ruhrkrauts *(Gnaphalium luteoalbum)*, zur Folge hat.

In den meisten Industrieländern ist heute eine große Zahl von Ackerwildpflanzen erloschen, verschollen, vom Aussterben bedroht oder in unterschiedlichem Maße gefährdet (Tab. 13). Dazu gehören auch Saatunkräuter, darunter die Leinseide *(Cuscuta epilinum)* oder der Taumellolch *(Lolium temulentum)*, und Zwiebelgeophyten wie der Ackergoldstern *(Gagea villosa)*, die an frühere Bewirtschaftungsformen gebunden sind.

Der Schutz bedrohter Arten ist eine kulturell-ethische und ästhetische Aufgabe. Daß es darüber hinaus auch eine wissenschaftlich notwendige Zielstellung ist, konnte in den letzten Jahren erst durch die Aufklärung populationsökologischer Zusammenhänge näher dargestellt werden. Oft taucht doch die Frage auf, weshalb unbedingt die eine oder andere seltene Art in Mitteleuropa geschützt werden soll, wenn sie in ihrem Hauptverbreitungsgebiet im mediterranen oder vorderasiatischen Raum noch

Tabelle 13:
Beispiele für erloschene, verschollene und gefährdete Ackerwildpflanzen Ostdeutschlands

Erloschen

Riesenmannsschild	*Androsace maxima*
Ackerringelblume	*Calendula arvensis*
Ackerspatzenzunge	*Thymelaea passerina*
Sichelfrüchtiges Hornköpfchen	*Ceratocephala falcata*

Verschollen

Ackermeier	*Asperula arvensis*
Leinseide	*Cuscuta epilinum*
Saatschuppenmiere	*Spergularia segetalis*
Täuschende Borstenhirse	*Setaria verticilliformis*

Vom Aussterben bedroht

Flammenadonisröschen	*Adonis flammea*
Kornrade	*Agrostemma githago*
Taumellolch	*Lolium temulentum*
Ackerleinkraut	*Linaria arvensis*

Stark gefährdet

Ackerhaftdolde	*Caucalis platycarpos*
Venuskamm	*Scandix pecten-veneris*
Strahlenbreitsame	*Orlaya grandiflora*
Sommeradonisröschen	*Adonis aestivalis*
Ackergoldstern	*Gagea villosa*
Zwerglein	*Radiola linoides*

Gefährdet

Blauer Gauchheil	*Anagallis foemina*
Kleine Wolfsmilch	*Euphorbia exigua*
Feldrittersporn	*Consolida regalis*
Kornblume	*Centaurea cyanus*
Lämmersalat	*Arnoseris minima*
Kahles Ferkelkraut	*Hypochoeris glabra*
Gelbweißes Ruhrkraut	*Gnaphalium luteo-album*

häufig vorkommt, weil sie dort auch außerhalb der Ackerflächen zusagende Standortbedingungen vorfindet. Warum wollen wir also ein »Unkraut« am Rande seines Areals schützen? Diese Frage läßt sich nur aus populationsökologischer Sicht beantworten.

Eine Art existiert in einem Ökosystem in der Regel als Population, d. h. als eine Gruppe von Artgenossen. Diese leben in einem bestimmten, manchmal sogar enger begrenzten Raum und bilden dort eine Fortpflanzungsgemeinschaft mit gemeinsamem Genbestand. Der Population kommt damit eine außerordentlich große Bedeutung bei der Erhaltung der Art sowie für die Stabilität und Entwicklung des Ökosystems zu. Es ist wichtig, daß das genetische Material einer Population in großer Breite erhalten bleibt, um den Fortbestand der Art möglichst risikolos zu gewährleisten. Genetische Vielfalt erhöht die Plastizität der Art und macht sie gegenüber sich verändernden Umweltbedingungen anpassungsfähiger, indem bestimmte Genotypen bevorzugt werden. Unsere Schutzbestrebungen müssen sich deshalb sowohl auf einen wirksamen Biotopschutz konzentrieren als auch alle erdenklichen Maßnahmen einschließen, die die reiche genetische Struktur der Art sichern.

Die auf dem Acker wachsenden Wildpflanzen haben wie die Kulturpflanzen eine meist lange Geschichte. In den Jahrtausenden der Kultur kam es wie bereits gesagt wurde, vielfach zu einer Koevolution von Kulturpflanze und »Unkraut«. In bestimmten Fällen sind beide sogar mehr oder weniger simultan aus einer Wildpflanzenpopulation hervorgegangen, wie es am Beispiel der Gerste (*Hordeum vulgare* s. l.) belegt werden kann. Andere Arten wie die Kornrade *(Agrostemma githago)* gehören zu den Ackerwildpflanzen vom konvergenten Entwicklungstyp. Sie waren ähnlichen evolutiven Vorgängen wie die Kulturpflanze unterworfen. So ist die Varietät *Agrostemma githago* var. *linicolum* mit ihren kleinen, mehr oder weniger glatten Samen an die Leinkultur angepaßt, währenddessen die großsamige var. *macrospermum* vorwiegend im Weizen vorkommt. Die Kornrade ist geradezu ein Modellobjekt für eine reiche intraspezifische Gliederung. Ihre große Sippenmannigfaltigkeit basiert auf unterschiedlichen Entwicklungsrichtungen, die nur in einem ausgedehnten, vielgestaltigen Lebensraum möglich waren. Eine Verarmung der Unkrautflora im Hauptverbreitungsgebiet, aber natürlich auch am Rande des Areals bringt eine Einengung der intraspezifischen Variabilität der Arten mit sich, indem bestimmte ortsgebundene Populationen verlorengehen.

Die Methoden des modernen Pflanzenbaus haben bei Kultur- und Wildpflanzen zu beträchtlichen Veränderungen der genetischen Struktur geführt. Am Beispiel des Klatschmohns *(Papaver rhoeas)* konnte man erkennen, daß Populationen aus Anbaugebieten mit älteren Landsorten von Kulturpflanzen eine wesentlich höhere Variabilität als solche aus Räumen mit modernen Zuchtsorten aufweisen. Die moderne Landwirtschaft mit ihrem durch Intensivierungsmaßnahmen erzeugten Selektionsdruck reduziert also die Variabilität der Unkrautart und ermöglicht zumeist nur noch wenigen starkwüchsigen Populationen eine erfolgreiche Reproduktion. Dieser als Generosion, d. h. Ausfall von Genotypen, bezeichnete Vorgang vollzieht sich bei Unkräutern und Kulturpflanzen in ähnlich starkem Maße. Bei letzteren sind Landsorten weitgehend aus der Ackerkultur in Mitteleuropa verschwunden und durch wenige, relativ homogene Hochzuchtsorten ersetzt worden.

Unkräuter haben als Ausgangsmaterial für die Kulturpflanzenzüchtung eine große Bedeutung, indem bestimmte Merkmale oder Merkmalskombinationen zur züchterischen Verbesserung von Kulturpflanzen genutzt werden. Deshalb ist man bestrebt, wichtige Arten, wie Schmalblättrige Wicke *(Vicia angustifolia)*, Ackersenf *(Sinapis arvensis)*, Klatschmohn *(Papaver rhoeas)* oder Kornrade *(Agrostemma githago)*, in Genbanken zu erhalten. Manche Populationen wie die hochdomestizierten Formen der Kornrade bieten die Gewähr für hohe Erträge und würden einen Anbau zur Produktion von Saponinen als lohnend erscheinen lassen. Dennoch kann eine Erhaltung von Unkrautsippen in Genbanken nur die Ausnahme sein. Der dazu notwendige Aufwand bei der Reproduktion und Konservierung des Materials ist sehr hoch und in der Regel nur für solche Sippen vertretbar, deren Nutzung zur züchterischen Bearbeitung in absehbarer Zeit gegeben erscheint. Daher haben sich unsere Maßnahmen zum Schutz der Ackerwildpflanzen zuallererst auf die natürlichen Biotope zu konzentrieren, wozu auch eine Erhaltung in Feldflorareservaten gehört.

Der bedrohliche, mit der Intensivierung der landwirtschaftlichen und industriellen Produktion zusammenhängende Artenrückgang hat in vielen Ländern zu umfangreichen ökologischen Forschungen geführt, die die Kartierung seltener Pflanzen und Tiere zum Gegenstand hatten. So sind sogenannte Rote Listen entstanden, in denen die entsprechenden Arten nach ihrem Gefährdungsgrad aufgeführt werden.

Gegenüber anderen Biotopen, wie Wäldern, Wiesen, Trockenrasen oder Mooren, kam es wegen der meist negativen Bewertung der Ackerunkräuter erst sehr spät, etwa ab Mitte der siebziger Jahre, beginnend in den Niederlanden, Deutschland, der Schweiz und in Österreich, zu gezielten Schutzmaßnahmen und zur Einrichtung von Feldflorareservaten. In ihnen können die Ackerwildpflanzen allerdings auch nur gedeihen, wenn eine ständige ackerbauliche Nutzung erfolgt, die der Entwicklung der zumeist konkurrenzschwachen Wildarten Rechnung trägt. Man muß also, ähnlich wie bei der Erhaltung buntblumiger Wiesen in herkömmlichen Naturschutzgebieten, die Biotope sachgemäß pflegen. Erfordert dort das Gedeihen von Orchideen und anderen schwachwüchsigen Arten eine regelmäßige, ein- bis zweimalige jährliche Mahd, so müssen auf Äckern standortgerechte Kulturfrüchte in möglichst alten Landsorten angebaut werden. Düngung und Pflegemaßnahmen sind dabei ebenso auf die alten Bewirtschaftungsformen abzustimmen wie die Ernte, die mit alten Gerätesystemen oder notfalls mit der Sense erfolgen muß.

Wie bei anderen Schutzgebieten ist auch für Feldflorareservate die Ausarbeitung einer Behandlungsrichtlinie notwendig. In ihr sind zugleich alle ackerbaulichen Maßnahmen für die landwirtschaftlichen Betriebe festzulegen. Sie können in Anlehnung an die historischen Bedingungen der Ackerbaukultur nur extensiver Natur sein. Ertragsausfälle sind bei den meist kleinen Flächen, die gewöhnlich noch auf schwer zu nutzenden Standorten liegen, unerheblich und bedürfen in der Regel keiner weiteren Erörterung. Die bisherigen Erfahrungen zeigen, daß ein erfolgreicher Artenschutz gewährleistet ist, wenn über einer verantwortlichen Gebietsbetreuer oder eine entsprechende Arbeitsgruppe alle Pflegemaßnahmen koordiniert werden. Vor allem ist zu sichern, daß die bedrohten Arten in den standort- und fruchtartentypischen Unkrautgesellschaften weiter bestehen können.

Zur Erhaltung der typischen Struktur der Unkrautgemeinschaften sind bestimmte Mindestanforderungen unbedingt zu beachten. Dazu gehören in erster Linie eine drastische Reduzierung aller Formen von Düngung, ein bis auf wenige Ausnahmefälle strikt einzuhaltender Wegfall sämtlicher chemischer Pflanzenschutzmaßnahmen und das Unterlassen jeglicher meliorativer Eingriffe. Des weiteren sollte auf dichtwachsende, mehrjährige Futterkulturen ebenso verzichtet werden wie auf einen zu engen Reihenabstand des Getreides, wodurch das Gedeihen der Wildpflanzen zu stark beeinträchtigt wird. Später Stoppelumbruch und ein flaches Pflügen ohne tiefere Untergrundlockerung sowie eine geeignete Fruchtfolge mit dem Anbau lockerwüchsiger, ehemaliger Landsorten von Kulturfrüchten bieten weiterhin die Gewähr für eine optimale Entwicklung der Ackerwildpflanzen. Soweit aus den Jahren der intensiven Bewirtschaftung einige Arten, insbesondere Gräser, stärker dominieren, müssen Maßnahmen ergriffen werden, um ihren Anteil zu reduzieren. Dazu sollten nur in absoluten Ausnahmesituationen Spezialherbizide zur Anwendung gelangen, da ihr Einsatz in jedem Fall einen starken einseitigen Eingriff in das Ökosystem darstellt. Viel günstiger und wirksamer ist es, wenn über pflanzenbauliche Maßnahmen durch den Anbau geeigneter Kulturfrüchte, wozu auch Lein, Linsen, Buchweizen, Hirse, Kohlrüben, Emmer und Dinkel gehören, regulierend auf die Wildflora eingewirkt wird. Letztlich führen alle früheren extensiven Bewirtschaftungsformen, auch eine Fruchtfolge mit eingeschalteter Brache, wieder zu dem alten, unter den damaligen landwirtschaftlich-ökologischen Bedingungen vorherrschenden Vegetationsbild, vorausgesetzt, daß im Boden noch ausreichend entwicklungsfähige Diasporen vorhanden sind. Wenn das nicht der Fall ist, kann unter strenger Beachtung populationsökologischer Aspekte auch Saatgut von benachbarten Äckern gleichen

Standorts oder aus Genbanken eingebracht werden. Solche Maßnahmen sollten jedoch zunächst die Ausnahme bleiben und sich nur auf stark gefährdete bzw. vom Aussterben bedrohte Arten beschränken, weil sie den Charakter der bodenständigen Biozönose durch Zuführung fremder Populationen verändern. Wenn man diesen Weg beschreitet, ist über die Herkunft der eingebrachten Population sowie über deren weitere Entwicklung genau Buch zu führen, wie überhaupt alle derartigen Eingriffe mit kompetenten Vertretern des Naturschutzes abzustimmen sind.

Feldflorareservate wurden bisher in mehreren Ländern mit intensiver landwirtschaftlicher Produktion eingerichtet, so u. a. in den Niederlanden (Limburg) und in Deutschland (Beutenlay, Unterbohringen, Luckau-Freesdorf). Günstig war die Gründung von Arbeitsgruppen, die sich dem Schutz der Ackerwildflora verschrieben haben und in nicht seltenen Fällen von Biologielehrern aktiv getragen werden. So existieren beispielsweise in der Schweiz eine Arbeitsgruppe »Aktion Kornblume« und in Deutschland die Arbeitsgruppe »Ackerwildpflanzenschutz« im Rahmen der Biologischen Gesellschaft.

Feldflorareservate dienen in erster Linie der Erhaltung der Artenmannigfaltigkeit und stellen damit Refugien für gefährdete oder vom Aussterben bedrohte Arten dar. In Grenzgebieten des Areals sind sie für bestimmte gebietstypische Populationen sichere Refugialräume. Sie können damit sowohl Lehr- als auch Forschungszwecken dienen, indem sie uns einen Einblick in die ackerbaulichen Verhältnisse der vorindustriellen Zeit bzw. des Zeitabschnitts vor der industriemäßigen Pflanzenproduktion gewähren. Die Möglichkeit, solche Reservate als Vergleichsflächen zur intensiv genutzten Ackerlandschaft zu nutzen, ist dabei für landwirtschaftliche und ökologische Forschungsarbeiten ebenso wichtig wie die Gewähr, von diesen Flächen unbegrenzt Saatgut seltener Arten für Züchtungszwecke zu gewinnen. Und natürlich kommt den Reservaten auch eine wichtige Schaufunktion zu. Obwohl solche »Schauäcker« vor allem in Freilicht- und Agrarmuseen angelegt werden, wo in erster Linie die historischen Anbaubedingungen zu studieren sind, bieten auch die vornehmlich der Lehre und Forschung dienenden Feldflorareservate die Möglichkeit dieser Nutzung für die Öffentlichkeitsarbeit. Wenn Schüler und andere junge Menschen in die Pflege dieser Gebiete einbezogen werden, wie das u. a. im Reservat in Luckau-Freesdorf (Niederlausitz) der Fall ist, sind hervorragende Ansatzpunkte für eine zielgerichtete Umwelterziehung gegeben.

Der Schutz der Ackerwildpflanzen wäre nur sehr unvollständig, wollte man sich auf die Errichtung und Pflege weniger Reservate konzentrieren, die womöglich nur die attraktiven Kalkstandorte in unserer Landschaft repräsentieren. Es sind deshalb alle Bestrebungen zu unterstützen, die ein Netz von verschiedenen Schutzflächen zum Ziel haben. Kleinere Flächennaturdenkmale (FND) mit speziellen Unkrautgesellschaften, so das FND Nüssenberg im Kreis Nebra oder ein Acker mit reichlichem Vorkommen des Akkerschwarzkümmels *(Nigella arvensis)* bei Gerswalde im Kreis Templin bzw. geschützte Flächen auf Sandstandorten (Lämmersalatgesellschaft – Arnoseridetum) im Kreis Wittenberg, bieten sich hierfür an, weil sie bei geringem Aufwand die Vielfalt der Lebensräume dokumentieren.

Ackerwildpflanzenschutz ist letztlich auch an Feldrändern oder breiteren Ackerrandstreifen möglich, die von der Herbizidbehandlung und Intensivdüngung ausgeschlossen werden. Solche 3 bis 6 m breiten Ackerrandstreifen werden in Deutschland seit 1977 ausgegliedert. Sie stellen inmitten der intensiv genutzten Landschaft wichtige naturnahe Biotope dar, in denen viele Ackerwildpflanzen und die von ihnen abhängigen Tiere, darunter vor allem Insekten, Platz und Nahrung finden.

In den Niederlanden werden schon seit Beginn der siebziger Jahre Äcker als sogenannte Pflückäcker zur Freude der Erholungssuchenden ausgewiesen. Sie bleiben über eine bestimmte Zeit brach liegen oder werden ohne Einsaat von Kulturpflanzen umgebrochen. Auf solchen Flächen stellt sich in der Regel eine bunte Flur von Ackerwildpflanzen ein, ebenso wie es von offenen, neu begründeten Standorten im Bereich von Spülfeldern und Sandgruben der Fall ist. Aus all diesen Beispielen wird ersichtlich, daß es viele Möglichkeiten gibt, um konkurrenzschwache Ackerwildpflanzen zu erhalten. Auch Vermehrungskulturen in botanischen Gärten oder speziellen Schutzsammlungen dienen dem Zweck der Arterhaltung. Allerdings wird man sich hier auf die Vermehrung seltener, bestandsbedrohter Arten beschränken müssen, die nach erfolgreicher Kultivierung wieder an ihrem natürlichen Standort anzusiedeln sind. Außerdem ist es vom populationsökologischen Standpunkt her abzulehnen, Arten in Schutzsammlungen aufzunehmen, deren Schutz in der freien Natur möglich ist. Die genetische Vielfalt kann nur in der natürlichen Landschaft bei weitgehendem Schutz der Biotope gesichert werden.

Wir sind alle aufgefordert, zur Förderung der Arten- und Formenmannigfaltigkeit beizutragen. Dazu gehört auch, daß die gesetzlichen Schutzmöglichkeiten, die durch Landeskulturgesetz, Naturschutzverordnung und Artenschutzbestimmung gegeben sind, voll zur Wirkung kommen. Trotzdem reicht es nicht aus, Artenmannigfaltigkeit allein in Schutzgebieten oder Schutzsammlungen erhalten zu wollen. Nach Aussage der International Union for Conservation of Nature and Natural Resources (IUCN) in der

World Conservation Strategy ist es nur möglich 3 % des Florenbestandes in botanischen Gärten, Schutzsammlungen oder Genbanken zu erhalten. Für weitere 27 % ist ein Schutz in Schongebieten möglich. 70 % müssen jedoch in der vom Menschen genutzten Landschaft überdauern, eine gewaltige Aufgabe, die uns alle fordert und zum ständigen Nachdenken über das Thema Unkraut oder Wildpflanze zwingt (Abb. 43).

Es bleibt zu fragen, was unter der vom Menschen genutzten Landschaft zu verstehen ist und welche Biotope sich hinter dem hohen 70%igen Flächenanteil verbergen, in denen vorrangig Wildpflanzen erhalten werden sollen. Ganz sicher sind es zuallererst die land- und forstwirtschaftlich genutzten Flächen, die unserer besonderen Aufmerksamkeit bedürfen. Schon über lange Zeiträume existierend, bieten sie dem Menschen in Gestalt der Forst- und Agroökosysteme jenes vertraute und liebgewordene Bild, das grundlegend zu verändern, nicht Sinn und Ziel sein kann. Wir vermissen jedoch allzusehr die vielgestaltigen kleinen Lebensräume, insbesondere die Restgehölze, Hecken, Sölle, bunten Feld-

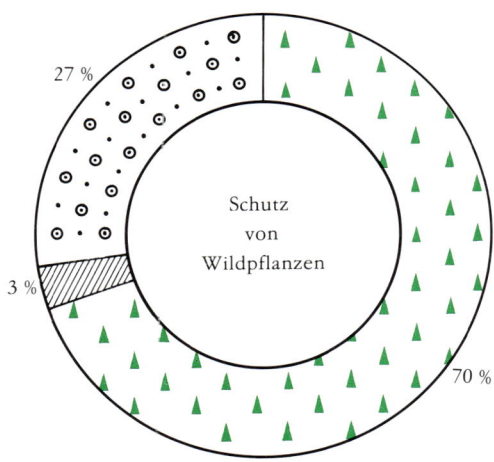

27 %

3 %

70 %

Schutz
von
Wildpflanzen

▲ ▲ ▲   genutzte Landschaft

⊙ • ⊙   Schongebiete

▨   botanische Gärten, Genbanken etc.

Abb. 43   Möglichkeiten des Schutzes von Wildpflanzen in der Welt

126

raine und Trockenrasen, die einer falsch verstandenen Intensivbewirtschaftung zum Opfer fielen und deren Fehlen nicht nur ästhetischen, sondern auch ökologischen Verlust bedeutet. Hier wieder ausgewogener zu entscheiden und sowohl die landwirtschaftliche Produktion als auch die Schonung der Natur im Auge zu haben, ist das zu verwirklichende Ziel. Eine ökonomisch und ökologisch orientierte Landwirtschaft, in der das biologische Gleichgewicht bewußt erhalten wird, nimmt keinen Schaden durch Ödlandinseln und naturnahe Biotope. Solche Refugialräume bereichern vielmehr unsere Landschaft und sind wichtige Gebiete für bedrohte Pflanzen und Tiere.

Literatur

Arlt, K., und B. Jüttersonke: Untersuchungen zur Resistenz der Sippen von Chenopodium album L. gegen Herbizide. Nachrichtenblatt f. d. Pflanzenschutz in der DDR 41, 209–212, 1987

Behrendt, S., und M. Hanf: Ungräser des Ackerlandes. BASF Aktiengesellschaft, 1979

Blumrich, H.: Die biologische Unkrautbekämpfung – Stand und Entwicklungstendenzen, Grenzen und Möglichkeiten. Nachrichtenblatt f. d. Pflanzenschutz in der DDR 41, 212–215, 1987

Ebert, W., Trommer, R. und P. Schwähn: Ein operatives Überwachungs- und Prognosesystem auf EDV-Basis für Schaderreger der landwirtschaftlichen Pflanzenproduktion (I. Teil: Schaderregerüberwachung). Arch. Phytopathol. u. Pflanzenschutz 16, 119–134, 1980

Eggers, Th.: Wandel der Unkrautvegetation der Äcker. Schweiz. Landw. Forsch. 23, 47–61, 1984

Feyerabend, G. Stand und Probleme der Unkrautbekämpfung in der DDR. Wissenschaftliches Symposium, Institut für tropische Landwirtschaft der Karl-Marx-Universität Leipzig, Tagungsbericht, 20–29, 1988

Hanf, M.: Ackerunkräuter Europas mit ihren Keimlingen und Samen. BASF Aktiengesellschaft, 1982

Hilbig, W.: Aufgaben und Ziele des Schutzes von Ackerwildpflanzen im Rahmen des Arten- und Biotopschutzes. Arch. Nat.schutz Landsch.-forsch. 25, 101–108, 1985

Hilbig, W., und U. Voigtländer: Die ökologisch-soziologischen Artengruppen und die Vegetationsformen des Ackers im Gebiet der DDR. Wiss. Mitt. Inst. f. Geogr. u. Geoökol. Leipzig 14, 17–59, 1984

Illig, H., und H.-Ch. Kläge: Das Feldflorareservat bei Luckau-Freesdorf. Arch. Nat.schutz Landsch.forsch. 25, 93–95, 1985

Krausch, H.-D.: Märkische Bauerngärten und ihre Blumen. Rathenower Heimatkalender, 35–39, 1981

Müller, H.-J.: Ökologie. Jena 1984

Rodi, D.: Modelle zur Errichtung und Erhaltung von Feldflorareservaten in Württemberg. Verhandlungen d. Ges. f. Ökologie 24, 167–172, 1986

Henning, Haeupler und Schönfelder, unter Mitarbeit von Schuhwerk: Atlas der Farn- und Blütenpflanzen der Bundesrepublik Deutschland. Stuttgart 1988

Schubert, R.: Lehrbuch der Ökologie. 2. Aufl., Jena 1986

Schubert, R. und E.-G. Mahn: Übersicht über die Ackerunkrautgesellschaften Mitteldeutschlands. Feddes Rep. 80, 133–304, 1068

Titze, P.: Die Erschließung des Pflanzenbestandes der Bauerngärten und der Gartenkultur in früherer Zeit im kritischen Rückblick und Dokumentation ihrer Flora heute. Bericht über das Internationale Symposium „Naturschutz durch Freilichtmuseen". Rhein. Freilichtmuseum und Landesmuseum f. Volkskunde in Kommern, 124–165, 1985

Weinitschke, H.: Naturschutz und Landnutzung. Jena 1987

Register der Artnamen

Die halbfetten Zahlen weisen auf eine Abbildung hin.

131

134

136